GUÍAS VISUALES

CUERPO
HUMANO

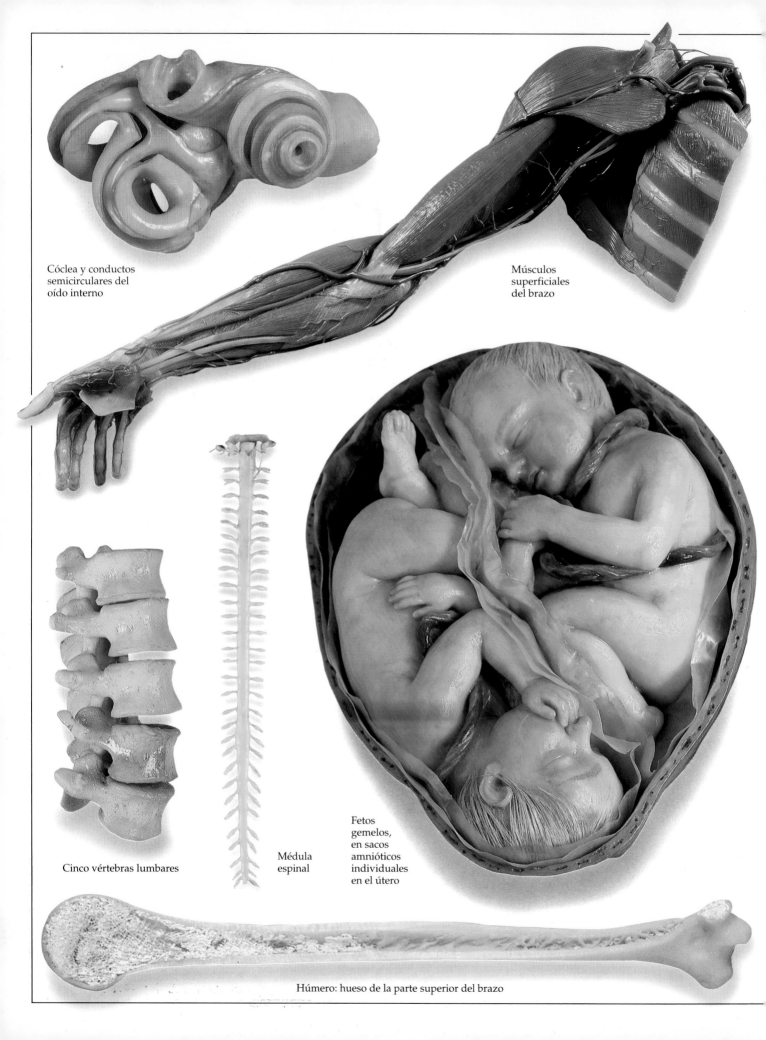

Cóclea y conductos
semicirculares del
oído interno

Músculos
superficiales
del brazo

Cinco vértebras lumbares

Médula
espinal

Fetos
gemelos,
en sacos
amnióticos
individuales
en el útero

Húmero: hueso de la parte superior del brazo

El corazón es
una bomba doble

GUÍAS  VISUALES

CUERPO
HUMANO

Escrito por
STEVE PARKER

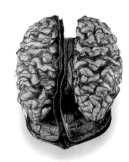

Vista superior
del cerebro

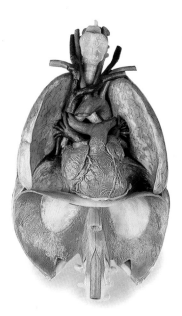

Los pulmones y diafragma de las
vías respiratorias, con el corazón

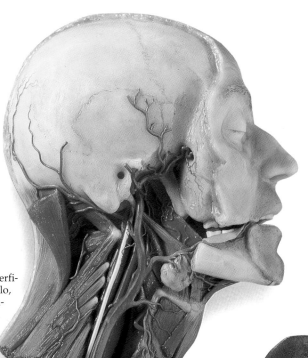

Músculos superfi-
ciales del cuello,
glándulas saliva-
les y glándula
tiroidea

Sangre recién extraída y
obtención de plasma

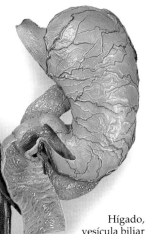

Hígado,
vesícula biliar
y estómago

Piel gruesa que
cubre el talón

DK Publishing, Inc

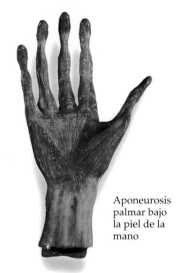

Aponeurosis
palmar bajo
la piel de la
mano

LONDRES, NUEVA YORK, MÚNICH,
MELBOURNE Y DELHI

Título original de la obra: *Human Body*
Copyright © 1993 Dorling Kindersley Limited

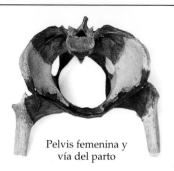

Pelvis femenina y
vía del parto

Editora del proyecto Liz Wheeler
Editor de arte Thomas Keenes
Ayudante de diseño Helen Diplock
Producción Louise Daly
Investigación iconográfica Diana Morris
Jefa de redacción Josephine Buchanan
Directora de arte Lynne Brown
Fotografía especial Liberto Perugi
Asesor editorial Dr. Frances Williams

Editora en E.E. U.U. Elizabeth Hester
Asesor Producciones Smith Muñiz

Edición en español preparada por
Alquimia Ediciones, S.A. de C.V.
Río Balsas 127, 1º piso, Col. Cuauhtémoc
C.P. 06500, México, D.F.

Primera edición estadounidense, 2004
04 05 06 07 08 10 9 8 7 6 5 4 3 2 1

Publicado en Estados Unidos por
DK Publishing, Inc.
375 Hudson Street, New York, New York 10014

Los créditos de la página 64 forman parte de esta página.

Costillas y músculos
intercostales que intervienen
en la respiración

Publicado en Gran Bretaña por Dorling Kindersley Limited.

A catalog record for this book is available from the Library of
Congress.
ISBN: 0-7566-0420-6

Reproducción a color por Colourscan, Singapur
Impreso y encuadernado por Toppan Printing Co. (Shenzhen) Ltd.

Descubra más en
www.dk.com

Circulación
sanguínea en la
pierna y el pie

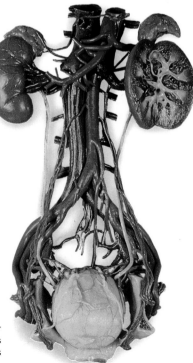

Riñones, uréteres, vejiga y
riego sanguíneo de las
vías urinarias masculinas

Contenido

El cerebro e
inervación a la
cabeza y el cuello

El cuerpo humano

ARISTÓTELES, FILÓSOFO GRIEGO, una de las mentes más insignes del mundo, enseñaba que sólo conociendo el origen de algo podía entenderse verdaderamente. La biología moderna y la teoría evolucionista señalan que los humanos actuales evolucionaron de criaturas similares a chimpancés hará unos 5 ó 10 millones de años. Hace 3 millones, esos distantes antepasados caminaban erguidos, pero tenían baja estatura y cerebro pequeño. Los fósiles demuestran que tras varias etapas el cuerpo creció más y el cerebro evolucionó incluso más rápido. Según estudios genéticos recientes, los modernos humanos, especie *Homo sapiens*, pudieron haberse originado en un grupo de gente en África oriental o austral hará unos 150,000 años. De ahí se extendieron por todo el planeta, multiplicándose y haciendo poco a poco cambios más y más extensos en su entorno. Hoy más de 5 mil millones de seres pueblan el planeta. Como otros mamíferos, tienen sangre caliente, vello en el cuerpo, y producen leche para alimentar a sus vástagos.

SIENTE LA BELLEZA
El Beso, del escultor francés Auguste Rodin (1840-1917), celebra la belleza de la forma humana. Rodin sacudió el mundo de la escultura con un enfoque de "vuelta a la naturaleza". Representaba el cuerpo con tan pasmosa fidelidad que lo acusaban de hacer moldes de yeso con personas de carne y hueso.

PERCIBE EL ENTORNO
Una característica animal básica es la capacidad de percibir el mundo que lo rodea para hallar alimento, refugio y pareja, y evitar verse en situaciones peligrosas. Esta pintura del siglo XIX retrata los cinco sentidos del cuerpo: vista, oído, olfato, gusto y tacto. Hace mucho que los sentidos dejaron de ayudar a los humanos en la supervivencia básica. Ahora se emplean en la búsqueda de conocimientos, y para hacer la vida más placentera.

ES CAPAZ DE COMPRENDER
La estructura del cuerpo humano se conoce como anatomía. El estudio de cómo funciona es la fisiología. Son dos caras de la misma moneda. Su estudio científico se remonta sobre todo al periodo del Renacimiento de los siglos XV y XVI. En realidad fue sólo después de esos siglos que el cuerpo se disecó o abrió con un corte y se examinaron sus partes con minuciosidad. Estas ilustraciones son de un libro del padre de la anatomía científica, Andrés Vesalio (p. 10) de Bruselas.

Los músculos (págs. 20-21)

Los huesos (págs. 14-15)

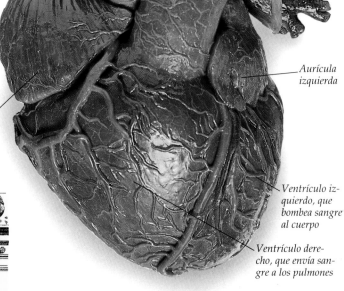

Tráquea: conduce aire al respirar

Arco de la aorta, que lleva sangre a la parte baja del cuerpo (p. 29)

Vena cava

Vena pulmonar izquierda (p. 29)

Aurícula izquierda

Aurícula derecha

Ventrículo izquierdo, que bombea sangre al cuerpo

Ventrículo derecho, que envía sangre a los pulmones

DESCUBRIENDO UN NUEVO MUNDO
Quienes saben poco de anatomía pueden sorprenderse al hallar que el interior del cuerpo no es un líquido espeso ni sólo carne. Se divide en órganos distintos (separados) como este modelo de un corazón (págs. 28-29), que integran un complejo laberinto tridimensional. Casi todos los órganos pueden soltarse de los contiguos, salvo por sus conexiones vitales, que incluyen nervios y vasos sanguíneos.

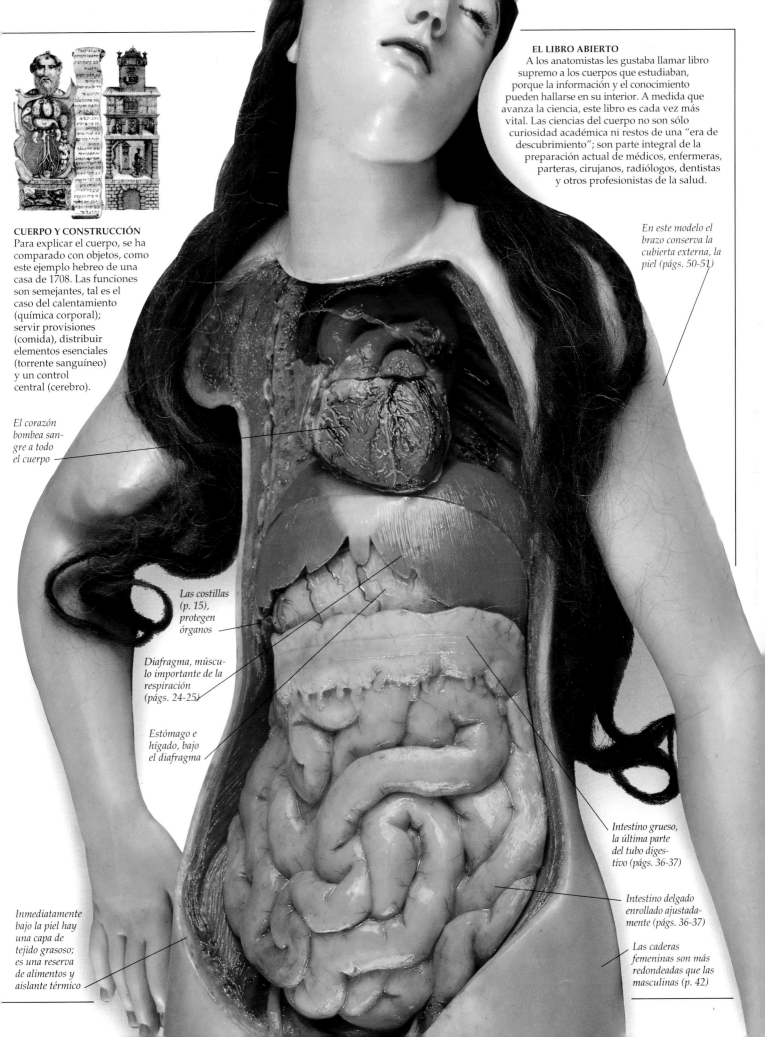

CUERPO Y CONSTRUCCIÓN
Para explicar el cuerpo, se ha comparado con objetos, como este ejemplo hebreo de una casa de 1708. Las funciones son semejantes, tal es el caso del calentamiento (química corporal); servir provisiones (comida), distribuir elementos esenciales (torrente sanguíneo) y un control central (cerebro).

EL LIBRO ABIERTO
A los anatomistas les gustaba llamar libro supremo a los cuerpos que estudiaban, porque la información y el conocimiento pueden hallarse en su interior. A medida que avanza la ciencia, este libro es cada vez más vital. Las ciencias del cuerpo no son sólo curiosidad académica ni restos de una "era de descubrimiento"; son parte integral de la preparación actual de médicos, enfermeras, parteras, cirujanos, radiólogos, dentistas y otros profesionistas de la salud.

En este modelo el brazo conserva la cubierta externa, la piel (págs. 50-51)

El corazón bombea sangre a todo el cuerpo

Las costillas (p. 15), protegen órganos

Diafragma, múscu-lo importante de la respiración (págs. 24-25)

Estómago e hígado, bajo el diafragma

Intestino grueso, la última parte del tubo diges-tivo (págs. 36-37)

Intestino delgado enrollado ajustada-mente (págs. 36-37)

Inmediatamente bajo la piel hay una capa de tejido grasoso; es una reserva de alimentos y aislante térmico

Las caderas femeninas son más redondeadas que las masculinas (p. 42)

A semejanza de los dioses

HACE MÁS DE 30,000 AÑOS se describía al cuerpo humano en esculturas prehistóricas e imágenes pintadas en cavernas alrededor del mundo. La gente tenía conciencia de la forma y aspecto del cuerpo. Vivían en contacto con la naturaleza, y entendían que su propia anatomía interna debía ser como la de los animales que cazaban, mientras los destazaban para cocerlos y comer. Poco a poco la civilización trajo la oportunidad de estudiar la anatomía y la fisiología en forma más metódica. No fue una búsqueda de conocimientos sino la necesidad de sanar al enfermo, curar al herido y conservar el cuerpo para el regreso del alma. Desde esos tiempos primitivos, la medicina ha estado unida de manera inextricable a la religión, la magia y la superstición. Los egipcios momificaron millones de cuerpos, pero ha sobrevivido poco de su saber estrictamente anatómico. Los griegos y romanos empezaron a estudiar la estructura y función humana para su beneficio y con fines médicos. Hipócrates (c. 460-400 a.C.) y Aristóteles (384-322 a.C.) de Grecia, y el romano Galeno (129-199 d.C.), fueron algunos de los grandes precursores.

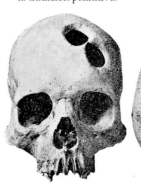

ARTE PREHISTÓRICO
Arte rupestre aborigen del Parque Nacional Kakudu, en Australia, pintado con pigmentos naturales como savia vegetal y minerales. Las "radiografías" de animales y humanos son importantes en la tradición primitiva.

CRÁNEOS PERFORADOS
Hace muchos miles de años, en el Neolítico, perforaban los cráneos con cuchillos de piedra para mostrar el cerebro. Quizá era un ritual mágico para liberar a los "espíritus malignos". Los cráneos con perforaciones semicuradas demuestran que se sobrevivía al procedimiento, llamado trepanación. Persistió durante la Edad Media y a veces aún se usa en cirugía.

CONSERVACIÓN EGIPCIA
Desde hace unos 5,500 años, los antiguos egipcios conservaron millones de cuerpos humanos como momias. Creían que el alma era inmortal, que dejaba el cuerpo al morir; pero que volvería en algún momento del futuro. Los cuerpos eran momificados, sometidos a cirugía básica, embalsamados con sustancias químicas, secados, y envueltos para conservarlos. Luego se sepultaban para aguardar el regreso del alma.

SACRIFICIO QUIRÚRGICO
Varias culturas antiguas sacrificaban animales y gente para complacer a sus dioses y espíritus. En los siglos XIV y XV los aztecas dominaban el México actual. Creían que Huitzilopochtli, dios de la guerra y el Sol, renacía cada amanecer y que les daría el éxito en la lucha si le ofrecían sangre, miembros y corazones de seres vivientes, incluso gente. De esos rituales aumentó su conocimiento sobre los órganos internos del cuerpo.

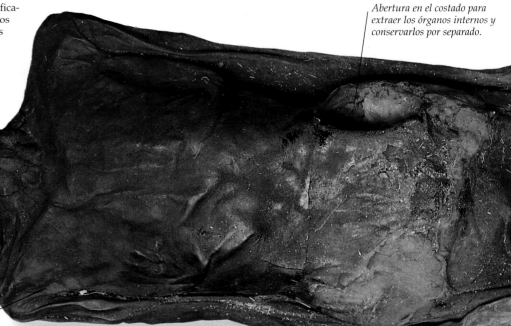

Abertura en el costado para extraer los órganos internos y conservarlos por separado.

Hasta los rasgos faciales se han conservado bien

Al retirar la tela de la momia dejó al descubierto piel endurecida (págs. 50-51)

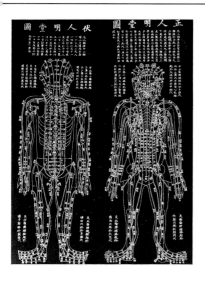

CANALES CHINOS

El chino *Nei Ching* (Medicina del Emperador Amarillo) describió algunas partes del cuerpo hace casi 2,300 años; pero, en general, los antiguos chinos daban menos importancia al conocimiento detallado de la estructura. Sus sistemas médicos se concentraban en la energía invisible, "chi", que fluye por canales del cuerpo llamados meridianos (izq.). Eso equilibraba el Yin, frío y "femenino", y el Yang, caliente y "masculino". Hoy la acupuntura inserta agujas en los meridianos; así restaura y corrige el flujo de energía y equilibra el Yin y el Yang.

CLAUDIO GALENO

Galeno de la Antigua Roma es una figura imponente de la historia de la anatomía, la fisiología y la medicina. Fue médico del emperador Marco Aurelio, y debe haber visto vísceras humanas cuando atendía a los gladiadores que combatían en la arena. Hizo muchos descubrimientos importantes, pero también cometió errores garrafales. Su autoridad y arrogancia, y el subsiguiente clima conservador de religión y tradición, convirtió sus obras en biblias de la anatomía y la medicina durante 14 siglos, demorando más el progreso. Escribió muchos libros, como su tratado *Sobre los usos de las partes del cuerpo del hombre.*

Galeno, cuyas ideas a menudo imperfectas influyeron en la medicina y la anatomía durante 14 siglos

Hipócrates es conocido como el "padre de la medicina"

MÉTODOS MEDIEVALES

La sangría, con cuchillo o sanguijuela, era un remedio tradicional y popular para cualquier enfermedad. Pocos se molestaban en ver si de verdad servía. Durante siglos hubo poca evaluación organizada o completa de los tratamientos médicos, para ver si tenían algún beneficio. Los métodos científicos, como registros y revisiones posteriores, se desarrollaron en los últimos tres siglos.

INFLUENCIA ANTIGUA

El poder de la Iglesia Católica Romana en Europa casi detuvo el avance científico durante la Edad Media. Las enseñanzas de Hipócrates, Aristóteles y Galeno sobrevivieron en gran medida porque las usaron los árabes de África del Norte y Oriente Medio. Un anatomista árabe fue Avicena (980-1037 d.C.). Esta minipágina de una traducción del canon Sina de la medicina, de 1610 muestra el fervor duradero a esos hombres ilustres.

Los músculos de las piernas (págs. 20-21) se han perdido y se muestra la forma de los huesos (págs. 14-15)

Avicena, anatomista persa, se apoyó en las enseñanzas de los griegos y romanos

Huesos de la espinilla bajo la piel

Las uñas de los pies (p. 51) pueden verse tras miles de años

Polémica y disección

Quizá no sorprenda que Aristóteles, Galeno y otros grandes de la Antigüedad cometieran errores. El mismo Galeno abrió y estudió las entrañas de vacas, cerdos y monos; pero tal vez no lo hizo con seres humanos. La tradición y la religión lo prohibían. Esa actitud tiránica se acentuó en la Edad Media. El progreso en muchas áreas del arte, la ciencia y la tecnología era lento, incluso estático. El siglo XV vio los albores del Renacimiento. Ese "resurgimiento" y florecimiento de las artes, la arquitectura y la ciencia se extendió de Italia a Europa. Con menos limitaciones religiosas los científicos pudieron tener una noción más clara. Podían registrar lo que veían, en vez de repetir a ciegas las ideas aceptadas por siglos. Leonardo da Vinci (1452-1519), genio del

RESPETO A LA MUERTE
Para mucha gente de la Edad Media, la vida era el preludio de lo que en verdad importaba: la muerte y entrar al cielo. El cuerpo era la morada temporal del alma. Los temas terrenales, como el interior del cuerpo, eran insignificantes. La disección estaba prohibida, y este anatomista bien pudo haber sido castigado.

arte y la ciencia, fue uno de los primeros en poner en duda la tradición galénica. Descubrió que para representar el cuerpo humano necesitaba saber algo sobre su interior, y lo que veía no coincidía con la antigua sabiduría aceptada. Otros artistas y científicos también empezaron a practicar la disección. Eso culminó con la obra revolucionaria de Andrés Vesalio (1514-1564), uno de los padres de la anatomía.

ANFITEATRO DE ANATOMÍA
Como la búsqueda de conocimientos se popularizó, se construyeron estos anfiteatros en muchas universidades y centros docentes. Se originaron en las facultades de derecho, donde necesitaban abrir los cuerpos por motivos legales en revisiones post mortem. Desde las galerías, los espectadores miraban al profesor y el cuerpo. Uno de los primeros catedráticos de anatomía fue Mondino de Luzzi (1275-1326) en Bolonia. conocido como el "Restaurador de la anatomía", su libro *Anathomia*, de 1316, fue el primer manual de anatomía y fisiología de esa nueva era; aunque seguía basándose mucho en Aristóteles y Galeno.

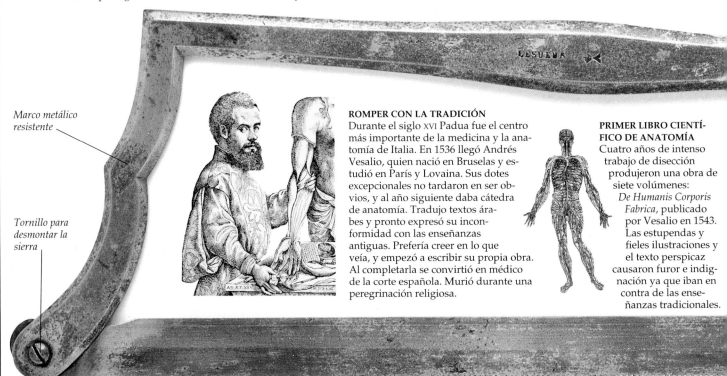

Marco metálico resistente

Tornillo para desmontar la sierra

ROMPER CON LA TRADICIÓN
Durante el siglo XVI Padua fue el centro más importante de la medicina y la anatomía de Italia. En 1536 llegó Andrés Vesalio, quien nació en Bruselas y estudió en París y Lovaina. Sus dotes excepcionales no tardaron en ser obvios, y al año siguiente daba cátedra de anatomía. Tradujo textos árabes y pronto expresó su inconformidad con las enseñanzas antiguas. Prefería creer en lo que veía, y empezó a escribir su propia obra. Al completarla se convirtió en médico de la corte española. Murió durante una peregrinación religiosa.

PRIMER LIBRO CIENTÍFICO DE ANATOMÍA
Cuatro años de intenso trabajo de disección produjeron una obra de siete volúmenes: *De Humanis Corporis Fabrica*, publicado por Vesalio en 1543. Las estupendas y fieles ilustraciones y el texto perspicaz causaron furor e indignación ya que iban en contra de las enseñanzas tradicionales.

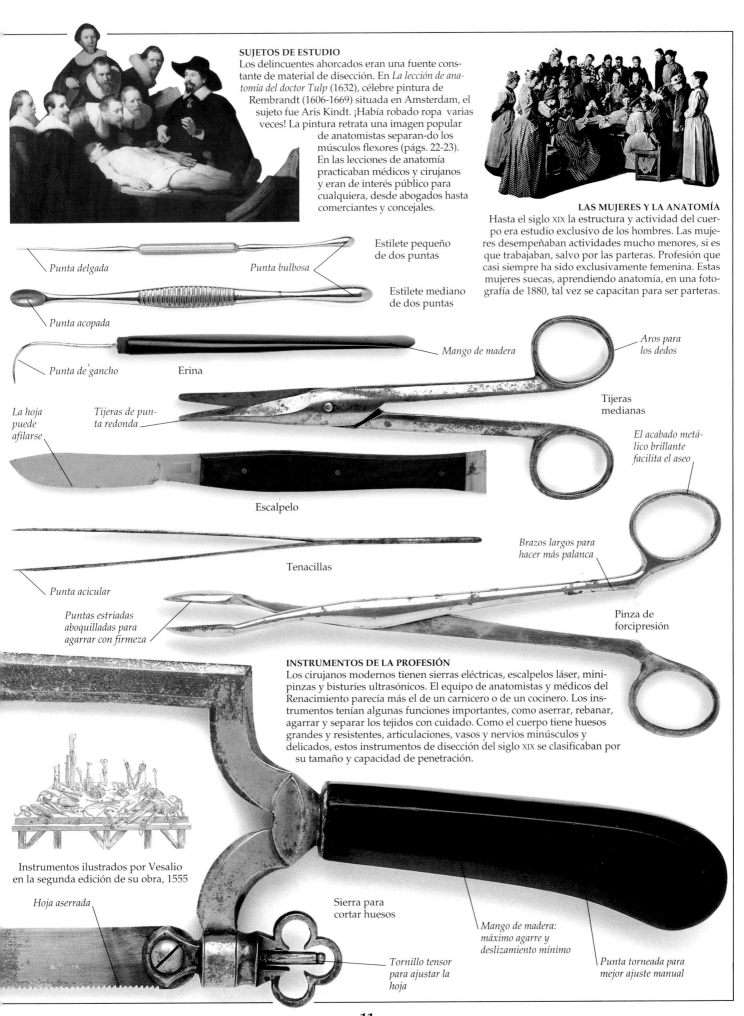

SUJETOS DE ESTUDIO

Los delincuentes ahorcados eran una fuente constante de material de disección. En *La lección de anatomía del doctor Tulp* (1632), célebre pintura de Rembrandt (1606-1669) situada en Amsterdam, el sujeto fue Aris Kindt. ¡Había robado ropa varias veces! La pintura retrata una imagen popular de anatomistas separan-do los músculos flexores (págs. 22-23). En las lecciones de anatomía practicaban médicos y cirujanos y eran de interés público para cualquiera, desde abogados hasta comerciantes y concejales.

LAS MUJERES Y LA ANATOMÍA

Hasta el siglo XIX la estructura y actividad del cuerpo era estudio exclusivo de los hombres. Las mujeres desempeñaban actividades mucho menores, si es que trabajaban, salvo por las parteras. Profesión que casi siempre ha sido exclusivamente femenina. Estas mujeres suecas, aprendiendo anatomía, en una fotografía de 1880, tal vez se capacitan para ser parteras.

Estilete pequeño de dos puntas

Punta delgada

Punta bulbosa

Estilete mediano de dos puntas

Punta acopada

Mango de madera

Aros para los dedos

Punta de gancho

Erina

Tijeras medianas

La hoja puede afilarse

Tijeras de punta redonda

El acabado metálico brillante facilita el aseo

Escalpelo

Brazos largos para hacer más palanca

Tenacillas

Punta acicular

Pinza de forcipresión

Puntas estriadas aboquilladas para agarrar con firmeza

INSTRUMENTOS DE LA PROFESIÓN

Los cirujanos modernos tienen sierras eléctricas, escalpelos láser, minipinzas y bisturíes ultrasónicos. El equipo de anatomistas y médicos del Renacimiento parecía más el de un carnicero o de un cocinero. Los instrumentos tenían algunas funciones importantes, como aserrar, rebanar, agarrar y separar los tejidos con cuidado. Como el cuerpo tiene huesos grandes y resistentes, articulaciones, vasos y nervios minúsculos y delicados, estos instrumentos de disección del siglo XIX se clasificaban por su tamaño y capacidad de penetración.

Instrumentos ilustrados por Vesalio en la segunda edición de su obra, 1555

Hoja aserrada

Sierra para cortar huesos

Mango de madera: máximo agarre y deslizamiento mínimo

Tornillo tensor para ajustar la hoja

Punta torneada para mejor ajuste manual

El cuerpo microscópico

En 1609, EL CIENTÍFICO ITALIANO GALILEO GALILEI se enteró del microscopio, un nuevo invento de los Países Bajos. Lo copió y revolucionó las ideas sobre el Sol, la Luna, las estrellas, los planetas y el lugar de la Tierra en el espacio. Antes de 1600 los primeros microscopios de Hans Jansen y su hijo también se veían en los Países Bajos. Otro insigne científico italiano, Marcelo Malpighi pronto usó el invento para ver el "espacio interior"; las diminutas estructuras internas de plantas y animales. Había nacido la microbiología. Los microanatomistas pronto advirtieron que todos los seres vivos están formados de unidades mucho más pequeñas. Hasta la sangre líquida contiene minúsculas partículas redondas. En 1665 el término "células" se aplicó a esas unidades, en el libro *Micrographia*, del científico inglés y fundador de la Sociedad Real, Robert Hooke (1635-1703). Hooke había visto los compartimientos microscópicos de tallos de alcornoque, que semejan habitaciones o celdas de monjes. El nombre perduró; hoy se considera a la célula el elemento básico de todos los seres vivos, incluso del cuerpo humano.

MICROSCOPISTA PIONERO
Marcelo Malpighi (1628-1694), uno de los primeros y más grandes microanatomistas, estudió sobre todo en Bolonia, donde identificó muchas partes microscópicas del cuerpo humano y de animales. Su *De Viscerum Structura* (1659) describía las unidades de filtración glomerular (p. 38) del riñón, o corpúsculos de Malpighi. Y describió los capilares pulmonares que conectan venas con arterias, respaldando las ideas de William Harvey sobre la circulación sanguínea (p. 30).

OBSERVADOR DE LÍMITES EXTREMOS
Antoni van Leeuwenhoek (1632-1723), comerciante holandés de textiles, se formó en su tiempo libre como científico y microscopista autodidacto. Con sus notables microscopios caseros fue uno de los primeros en estudiar los eritrocitos (1674), la microanatomía de plantas, ojos de insectos, los ciclos vitales de pulgas y áfidos, microorganismos como bacterias y espermatozoides. La Sociedad Real de Londres publicó muchas de sus descripciones y, a la larga, fue miembro de ésta.

Tornillo de ajuste

Alfiler: sujeta la muestra

Lente entre dos láminas

LENTES DE PULIDO CASERO
Casi todos los microscopios de la época de Van Leeuwenhoek tenían dos lentes, como se ve a la derecha. Sus versiones, de tamaño natural arriba, tenían un lente diminuto que él esmerilaba y pulía. Sus lentes eran tan exactos que la imagen era muy nítida y clara y amplificaba 275 veces el tamaño. Los logros de Van Leeuwenhoek hicieron que el microscopio fuera una rama de la ciencia. Hizo unos 400 microscopios en total, aunque nadie supo cómo iluminaba las muestras lo suficiente para ver tantos detalles.

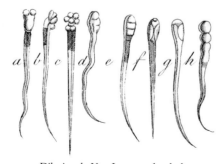

a b c d e f g h

Dibujos de Van Leeuwenhoek de espermatozoides humanos

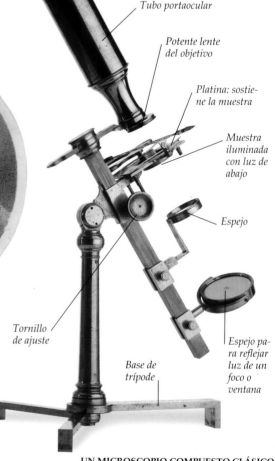

Ocular

Tubo portaocular

Potente lente del objetivo

Platina: sostiene la muestra

Muestra iluminada con luz de abajo

Espejo

Tornillo de ajuste

Espejo para reflejar luz de un foco o ventana

Base de trípode

UN MICROSCOPIO COMPUESTO CLÁSICO
Los microscopios de Van Leeuwenhoek eran "sencillos"; es decir, sólo tenían un lente. Los actuales son compuestos, usan dos o más lentes. Este modelo del siglo XIX tiene todas las características básicas de un microscopio moderno. En algunos modelos el tubo del lente sube y baja para enfocar y dar una imagen nítida; en otros, se mueve la platina. La muestra debe cortarse muy delgada para que la luz, que refleja el espejo abajo, la atraviese y suba por los lentes al ojo. A este modelo se le conoce como microscopio de luz transmitida.

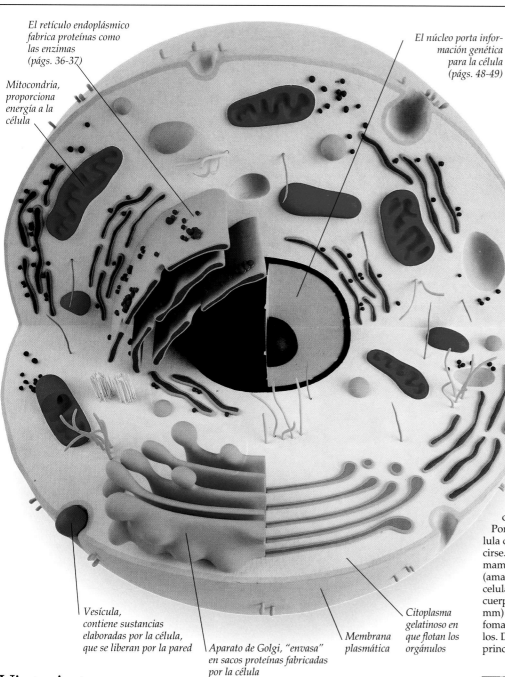

El retículo endoplásmico fabrica proteínas como las enzimas (págs. 36-37)

Mitocondria, proporciona energía a la célula

El núcleo porta información genética para la célula (págs. 48-49)

Vesícula, contiene sustancias elaboradas por la célula, que se liberan por la pared

Aparato de Golgi, "envasa" en sacos proteínas fabricadas por la célula

Membrana plasmática

Citoplasma gelatinoso en que flotan los orgánulos

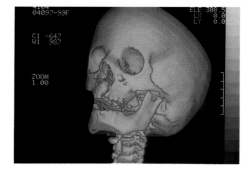

EL MICROSCOPIO ELECTRÓNICO

Algunos microscopios ópticos amplifican hasta 2,000 veces; así se ven formas flotando en una célula, pero pocos rasgos. Los rayos de luz son muy "sinuosos" para mostrar esos objetos más pequeños en detalle. La respuesta es usar rayos muy finos o electrones; un elemento del átomo. Al disparar electrones sobre la pantalla de televisión forman imágenes. Los microscopios electrónicos amplifican un millón de veces o más, mostrando los detalles menudos de una célula.

INTERIOR DE LA CÉLULA

Este modelo de célula humana muestra las partes internas más pequeñas llamadas orgánulos, estudiada con un microscopio electrónico. La mayor es el núcleo. Porta la información genética que indica a la célula cómo crecer, hacer sus procesos y reproducirse. Hay otros orgánulos típicos de células de mamíferos, y diminutos filamentos de proteínas (amarillo y azul), que actúan como "transporte" celular. Hay muchas categorías de células del cuerpo, en promedio como de 0.0004 pulg (0.01 mm) de diámetro. Células similares agrupadas foman un tipo de tejido: músculo, hueso o glóbulos. Distintos tejidos se combinan y forman los principales órganos, como el corazón o el cerebro.

Vista interna

Hasta el siglo XX la única forma de ver dentro del cuerpo era abriéndolo. En 1895 Wilhelm Roentgen (1845-1923), científico aleman, descubrió los rayos X; atraviesan casi todas las partes blandas del cuerpo, como músculos, pero con menos facilidad las duras, como los huesos. Al dirigir rayos X a una parte del cuerpo sobre una placa fotográfica especial, se produce una imagen de los huesos. Los rayos X pronto se usaron para detectar fracturas. Esta especialización médica se llama radiología.

RAYOS MISTERIOSOS

Roentgen descubrió rayos que emitían cierto brillo químico y oscurecían papel fotográfico. Los llamó rayos X porque no conocía su naturaleza. Su trabajo intrigó a muchos científicos de la época, uno de ellos fue Marie Curie (1867-1934), izquierda, quien siguió su línea de investigación. Estudió la radioactividad y en 1898 identificó el radio. Marie Curie también trabajó en la aplicación de rayos X para diagnóstico médico.

ACTUAL DIAGNÓSTICO POR IMAGEN

Se sabe que los altos niveles de radioactividad y rayos X pueden dañar tejidos vivos; así que los aparatos modernos usan niveles muy bajos de rayos X. La tomografía computarizada, o TC, barre el cuerpo desde distintos ángulos con cantidades minúsculas de rayos X y forma una imagen, en cortes. La computadora combina los resultados bidimensionales y forma una imagen tridimensional, como ésta.

La armazón del cuerpo

CUANDO UN CUERPO HUMANO LLEGA AL FINAL de su vida, la carne se descompone pronto. Deja un grupo de objetos rígidos que sirvió de armazón interna, sosteniendo y protegiendo los tejidos más blandos a su alrededor. Es el esqueleto, formado por 206 huesos. A los pueblos primitivos debe haberles maravillado que perdurara tanto tiempo después de la muerte. Esos pueblos usaban los huesos humanos y de animales como símbolos de poder y victoria, para tallado, herramientas o adornos. Gracias a su resistencia y durabilidad, los huesos pudieron estudiarse en detalle y hallaron su lugar en los textos médicos. El insigne Galeno de la Antigua Roma escribió *Huesos para principiantes* hace 1,800 años, e introdujo algunos de los términos técnicos que aún se usan. Desde la Antigua Roma hasta el Renacimiento, la religión o la tradición en general prohibía a los médicos ver un cadáver humano por dentro. Pero tras unas semanas de buitres y gusanos, los huesos quedaban limpios y podían estudiarse.

SÍMBOLO DE LA MUERTE
Los esqueletos son símbolos perdurables de peligro, muerte, enfermedad y destrucción; desde este dibujo del siglo XV, *Danza de la muerte*, hasta la bandera pirata de un cráneo y huesos cruzados. En el medioevo dejaban mecerse al viento los esqueletos de colgados, que las aves limpiaban, como advertencia.

OBSERVACIÓN DE HUESOS
Durante años se pensó que los huesos no tenían vida, eran sostén inactivo de partes blandas alrededor de ellos. Poco a poco, los anatomistas vieron que los huesos estaban muy vivos, con sus propios nervios y vasos sanguíneos (págs. 16-17). Se creía que los huesos eran rígidos, si bien eran centros activos de los tejidos en torno a ellos. Esta lección de anatomía ósea es de un manuscrito de Guy de Chauliac, de 1363.

PUNTALES Y PALANCAS
El esqueleto ha motivado principios mecánicos acertados. Por ejemplo, cada brazo tiene dos juegos de huesos largos que pueden ampliar el alcance de la mano o plegarse sobre sí. Los ingenieros copian estos principios al diseñar objetos, desde grúas a lámparas ajustables de escritorio.

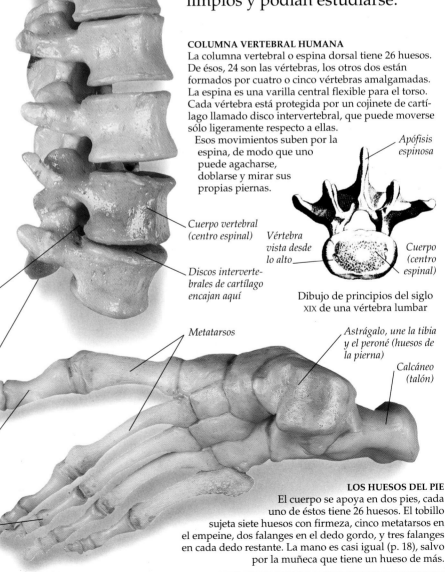

COLUMNA VERTEBRAL HUMANA
La columna vertebral o espina dorsal tiene 26 huesos. De ésos, 24 son las vértebras, los otros dos están formados por cuatro o cinco vértebras amalgamadas. La espina es una varilla central flexible para el torso. Cada vértebra está protegida por un cojinete de cartílago llamado disco intervertebral, que puede moverse sólo ligeramente respecto a ellas.

Esos movimientos suben por la espina, de modo que uno puede agacharse, doblarse y mirar sus propias piernas.

Apófisis espinosa

Vértebra vista desde lo alto

Cuerpo (centro espinal)

Dibujo de principios del siglo XIX de una vértebra lumbar

Cuerpo vertebral (centro espinal)

Discos intervertebrales de cartílago encajan aquí

Nervios de la médula espinal(págs. 58-59) protegidos por las vértebras

Apófisis espinosa o proyección ósea; la columna se siente nudosa al tacto

Metatarsos

Astrágalo, une la tibia y el peroné (huesos de la pierna)

Calcáneo (talón)

El dedo gordo sólo tiene dos falanges

Cada uno de los demás tiene tres falanges

LOS HUESOS DEL PIE
El cuerpo se apoya en dos pies, cada uno de éstos tiene 26 huesos. El tobillo sujeta siete huesos con firmeza, cinco metatarsos en el empeine, dos falanges en el dedo gordo, y tres falanges en cada dedo restante. La mano es casi igual (p. 18), salvo por la muñeca que tiene un hueso de más.

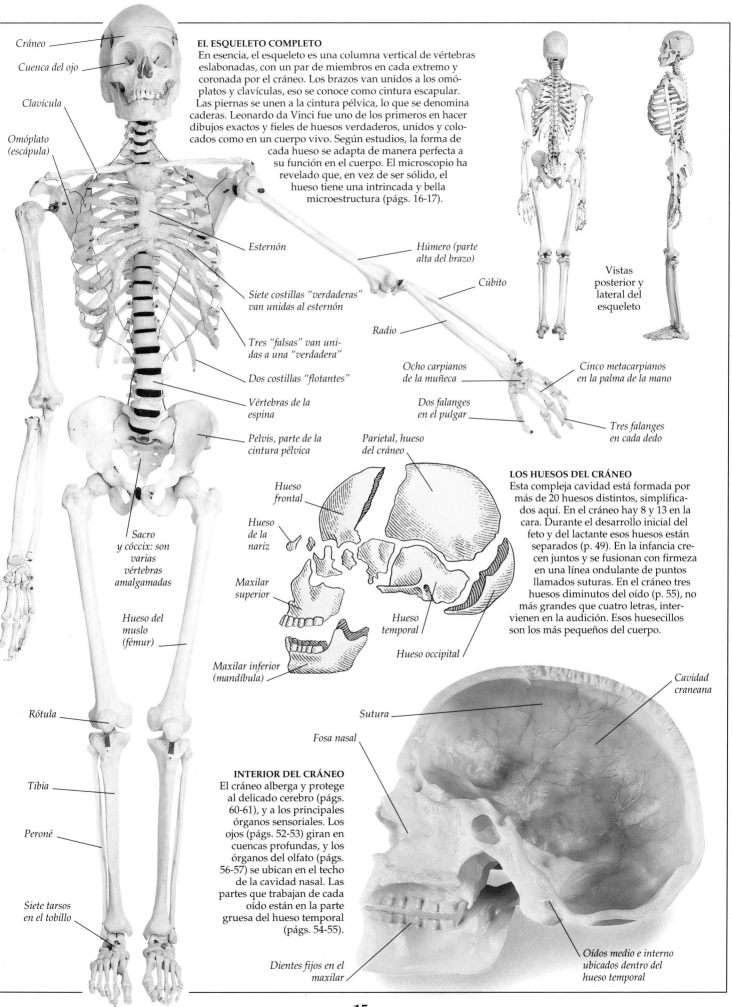

Cráneo

Cuenca del ojo

Clavícula

Omóplato
(escápula)

EL ESQUELETO COMPLETO
En esencia, el esqueleto es una columna vertical de vértebras
eslabonadas, con un par de miembros en cada extremo y
coronada por el cráneo. Los brazos van unidos a los omóplatos y clavículas, eso se conoce como cintura escapular.
Las piernas se unen a la cintura pélvica, lo que se denomina
caderas. Leonardo da Vinci fue uno de los primeros en hacer
dibujos exactos y fieles de huesos verdaderos, unidos y colo-
cados como en un cuerpo vivo. Según estudios, la forma de
cada hueso se adapta de manera perfecta a
su función en el cuerpo. El microscopio ha
revelado que, en vez de ser sólido, el
hueso tiene una intrincada y bella
microestructura (págs. 16-17).

Vistas
posterior y
lateral del
esqueleto

Esternón

Húmero (parte
alta del brazo)

Cúbito

Siete costillas "verdaderas"
van unidas al esternón

Radio

Tres "falsas" van uni-
das a una "verdadera"

Ocho carpianos
de la muñeca

Cinco metacarpianos
en la palma de la mano

Dos costillas "flotantes"

Dos falanges
en el pulgar

Vértebras de la
espina

Tres falanges
en cada dedo

Pelvis, parte de la
cintura pélvica

Parietal, hueso
del cráneo

Hueso
frontal

LOS HUESOS DEL CRÁNEO
Esta compleja cavidad está formada por
más de 20 huesos distintos, simplifica-
dos aquí. En el cráneo hay 8 y 13 en la
cara. Durante el desarrollo inicial del
feto y del lactante esos huesos están
separados (p. 49). En la infancia crecen juntos y se fusionan con firmeza
en una línea ondulante de puntos
llamados suturas. En el cráneo tres
huesos diminutos del oído (p. 55), no
más grandes que cuatro letras, intervienen en la audición. Esos huesecillos
son los más pequeños del cuerpo.

Hueso
de la
nariz

Maxilar
superior

Sacro
y cóccix: son
varias
vértebras
amalgamadas

Hueso del
muslo
(fémur)

Hueso
temporal

Hueso occipital

Maxilar inferior
(mandíbula)

Cavidad
craneana

Rótula

Sutura

Fosa nasal

INTERIOR DEL CRÁNEO
El cráneo alberga y protege
al delicado cerebro (págs.
60-61), y a los principales
órganos sensoriales. Los
ojos (págs. 52-53) giran en
cuencas profundas, y los
órganos del olfato (págs.
56-57) se ubican en el techo
de la cavidad nasal. Las
partes que trabajan de cada
oído están en la parte
gruesa del hueso temporal
(págs. 54-55).

Tibia

Peroné

Siete tarsos
en el tobillo

Dientes fijos en el
maxilar

Oídos medio e interno
ubicados dentro del
hueso temporal

Interior de los huesos

LOS HUESOS CASI SIEMPRE SE VEN como objetos descoloridos y secos, en museos o en el campo como los restos de un animal muerto. Parecerán no muy interesantes, pero sí tienen una vida propia. Nuestros antepasados prehistóricos habrán tenido un mayor conocimiento de los huesos que la gente actual. Hace más de un millón de años, los hombres primitivos usaban hachas y martillos de piedra para quebrar los huesos de los animales y sacarles la nutritiva médula. Veían que un hueso normal tenía una cubierta resistente, llamada periostio, que cubría una capa externa de hueso compacto, duro y denso. El hueso compacto cubre una capa interna de hueso esponjoso o trabecular poroso, con médula blanda en el centro. Al escudriñar delgados cortes de hueso, los primeros microscopistas se sorprendieron ante una microarquitectura compleja y simétrica, que refleja la activa vida del hueso. La unidad estructural de hueso compacto es el sistema haversiano tubular, por el médico inglés Clopton Havers (1650-1701). Publicó sus observaciones en 1691 y abrió el camino de la investigación a futuros fisiólogos, quienes descubrieron que los huesos tienen muchas funciones, además de sostener el cuerpo.

CRECIMIENTO ÓSEO
El embrión incipiente (p. 44) no tiene huesos. Empiezan formándose como una sustancia más blanda, cartílago o ternilla. Luego nacen trozos de hueso, llamados centros de osificación, en ciertos puntos del cartílago. Crecen y se extienden, convirtiendo al cartílago en verdadero hueso. En la mano de este feto, las manchas son el hueso que sustituye las áreas claras de cartílago.

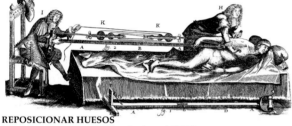

REPOSICIONAR HUESOS
Esqueletos humanos fosilizados hace 100,000 años muestran que las fracturas se manipulaban para sanar mejor. El reposicionamiento es un arte antiguo. Este invento de cuerdas y poleas de fines del siglo XVII tira de un brazo para ponerlo en su lugar.

INTERIOR DE LA CADERA
En la articulación de la cadera, el extremo esférico del fémur encaja en la cavidad acopada de la pelvis. El extremo del fémur es principalmente esponjoso, rodeado de una delgada capa de hueso compacto denso. Los ingenieros han estudiado las tensiones y esfuerzos de huesos como éste y han hecho modelos mecánicos. Hallan que crece hueso compacto donde se necesita, en las áreas de mayor esfuerzo. El hueso esponjoso es un "relleno". No es fuerte, pero es más ligero y casi no drena el abasto de minerales del cuerpo.

HUESO ESPONJOSO
Vista microscópica de hueso esponjoso o trabecular, muestra su sistema abierto de retículas y puntales llamado trábeculas. En hueso vivo los espacios se llenan de líquidos corporales y células errantes (p. 13). Tras un salto vigoroso, al pisar, los músculos ejercen mucha presión en las articulaciones de cadera y rodillas, y el hueso debe resistir fuerzas de compresión de hasta media tonelada.

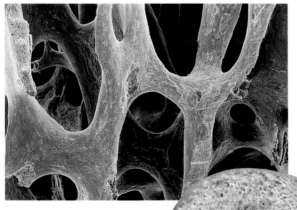

Cabeza del fémur

Hueso esponjoso

Hueso compacto

Cavidad central para la médula

Tejido muscular

HUESOS COMO TUBOS
Los ingenieros hace mucho saben que peso por fuerza hay pocas formas estructurales iguales al tubo. El corte de este húmero muestra que la diáfisis principal es un tubo angosto, mientras los extremos se extienden para repartir la presión en sus articulaciones con los huesos contiguos.

Cabeza del húmero

Cuello del húmero

Hueso esponjoso donde se necesita menos fuerza

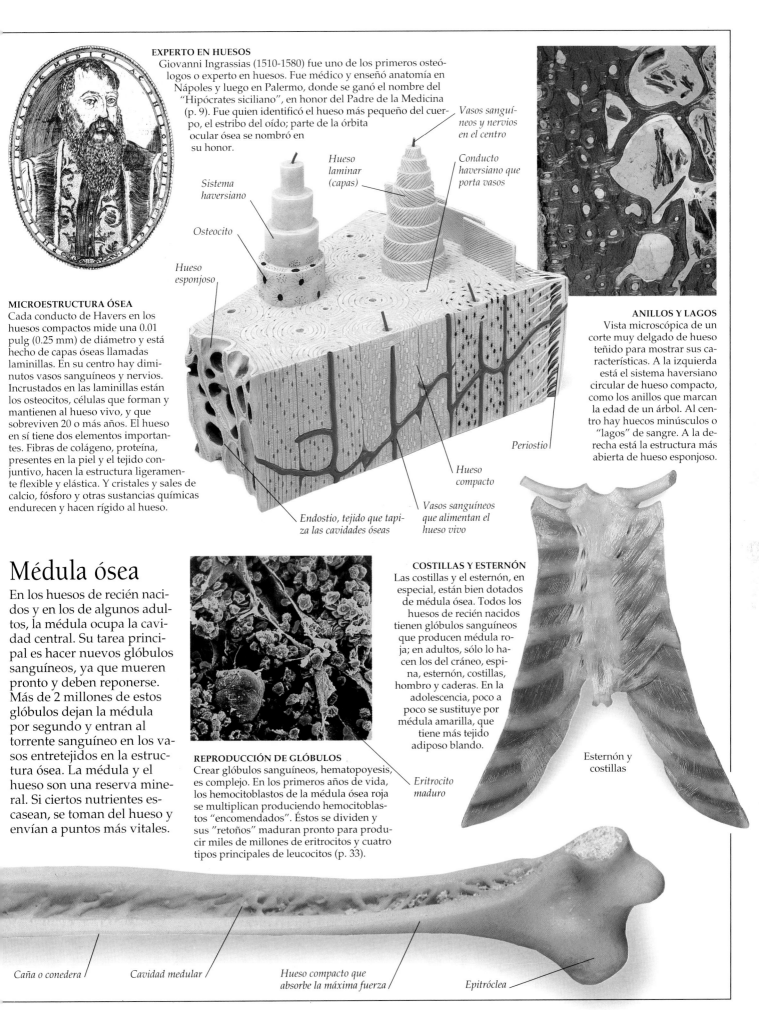

EXPERTO EN HUESOS

Giovanni Ingrassias (1510-1580) fue uno de los primeros osteó-logos o experto en huesos. Fue médico y enseñó anatomía en Nápoles y luego en Palermo, donde se ganó el nombre del "Hipócrates siciliano", en honor del Padre de la Medicina (p. 9). Fue quien identificó el hueso más pequeño del cuerpo, el estribo del oído; parte de la órbita ocular ósea se nombró en su honor.

Vasos sanguíneos y nervios en el centro

Hueso laminar (capas)

Conducto haversiano que porta vasos

Sistema haversiano

Osteocito

Hueso esponjoso

MICROESTRUCTURA ÓSEA

Cada conducto de Havers en los huesos compactos mide una 0.01 pulg (0.25 mm) de diámetro y está hecho de capas óseas llamadas laminillas. En su centro hay diminutos vasos sanguíneos y nervios. Incrustados en las laminillas están los osteocitos, células que forman y mantienen al hueso vivo, y que sobreviven 20 o más años. El hueso en sí tiene dos elementos importantes. Fibras de colágeno, proteína, presentes en la piel y el tejido conjuntivo, hacen la estructura ligeramente flexible y elástica. Y cristales y sales de calcio, fósforo y otras sustancias químicas endurecen y hacen rígido al hueso.

ANILLOS Y LAGOS

Vista microscópica de un corte muy delgado de hueso teñido para mostrar sus características. A la izquierda está el sistema haversiano circular de hueso compacto, como los anillos que marcan la edad de un árbol. Al centro hay huecos minúsculos o "lagos" de sangre. A la derecha está la estructura más abierta de hueso esponjoso.

Periostio

Hueso compacto

Endostio, tejido que tapiza las cavidades óseas

Vasos sanguíneos que alimentan el hueso vivo

Médula ósea

En los huesos de recién nacidos y en los de algunos adultos, la médula ocupa la cavidad central. Su tarea principal es hacer nuevos glóbulos sanguíneos, ya que mueren pronto y deben reponerse. Más de 2 millones de estos glóbulos dejan la médula por segundo y entran al torrente sanguíneo en los vasos entretejidos en la estructura ósea. La médula y el hueso son una reserva mineral. Si ciertos nutrientes escasean, se toman del hueso y envían a puntos más vitales.

REPRODUCCIÓN DE GLÓBULOS

Crear glóbulos sanguíneos, hematopoyesis, es complejo. En los primeros años de vida, los hemocitoblastos de la médula ósea roja se multiplican produciendo hemocitoblastos "encomendados". Éstos se dividen y sus "retoños" maduran pronto para producir miles de millones de eritrocitos y cuatro tipos principales de leucocitos (p. 33).

Eritrocito maduro

COSTILLAS Y ESTERNÓN

Las costillas y el esternón, en especial, están bien dotados de médula ósea. Todos los huesos de recién nacidos tienen glóbulos sanguíneos que producen médula roja; en adultos, sólo lo hacen los del cráneo, espina, esternón, costillas, hombro y caderas. En la adolescencia, poco a poco se sustituye por médula amarilla, que tiene más tejido adiposo blando.

Esternón y costillas

Caña o conedera

Cavidad medular

Hueso compacto que absorbe la máxima fuerza

Epitróclea

Las articulaciones

LOS 206 HUESOS DEL ESQUELETO SE UNEN mediante articulaciones. Quizá los pueblos antiguos se percataron de eso al comer animales recién cazados, cuando los destazaban cortando un miembro. Veían que aunque el miembro se movía con facilidad de un lado a otro, era muy difícil separarlo del cuerpo o cortarlo enteramente recto. Desde entonces, a menudo se ha estudiado a las articulaciones postmortem, pero rara vez en un cuerpo vivo y activo. Hoy día, técnicas de exploración como la tomografía computarizada (TC) y la tomografía por resonancia magnética nuclear (TRMN) revelan que una articulación, como hombro o rodilla, puede aguantar grandes fuerzas o tensiones.

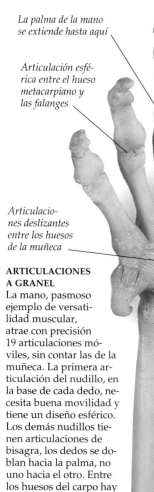

MANTÉNGASE ÁGIL
Como cualquier parte del cuerpo, las articulaciones se benefician con el uso y deterioran con el descuido. Actividades como el yoga, fomentan una amplia escala de movimiento articular, máxima flexibilidad y retardan la rigidez, dolor o malestar que a veces llega con la vejez.

La palma de la mano se extiende hasta aquí

Articulación esférica entre el hueso metacarpiano y las falanges

Articulaciones deslizantes entre los huesos de la muñeca

ARTICULACIONES A GRANEL
La mano, pasmoso ejemplo de versatilidad muscular, atrae con precisión 19 articulaciones móviles, sin contar las de la muñeca. La primera articulación del nudillo, en la base de cada dedo, necesita buena movilidad y tiene un diseño esférico. Los demás nudillos tienen articulaciones de bisagra, los dedos se doblan hacia la palma, no uno hacia el otro. Entre los huesos del carpo hay articulaciones deslizantes (p. 15), así los huesos de la muñeca se deslizan entre sí con facilidad.

Articulación de bisagra sencilla entre falanges

Articulaciones de bisagra

Fuertes ligamentos aseguran que la mano siga la rotación del brazo

ESFERAS Y BISAGRAS
Quizá nuestras articulaciones han inspirado equivalentes mecánicos a los ingenieros. El hombro y cadera son articulaciones esféricas. El extremo redondeado del fémur o del húmero gira en una cavidad del ilíaco o del omóplato. Como palanca de computador, este diseño permite el movimiento en dos planos: del frente hacia atrás, de uno a otro costado. La rodilla y codo tienen articulaciones de bisagra, como puerta. Su movimiento es más limitado, sobre todo de adelante hacia atrás.

Pelvis

Fémur

Vista frontal de la articulación esférica (cadera)

El miembro puede girar en dos planos

Fémur

Rótula

Tibia

Peroné

Vista lateral de articulación de bisagra (rodilla)

El miembro se nueve de un lado a otro en un plano

Cavidad acopada en el ilíaco (cadera)

La cabeza del fémur tiene un largo cuello para un apalancamiento y rotación máxima

Músculo recto interno, tira la pierna hacia la línea media del cuerpo

Fémur

Articulación de bisagra entre fémur y tibia

Articulación deslizante entre tibia y peroné (p. 15)

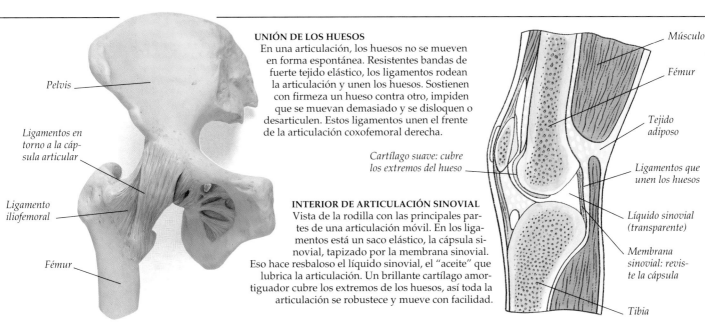

Pelvis

Ligamentos en torno a la cápsula articular

Ligamento iliofemoral

Fémur

UNIÓN DE LOS HUESOS

En una articulación, los huesos no se mueven en forma espontánea. Resistentes bandas de fuerte tejido elástico, los ligamentos rodean la articulación y unen los huesos. Sostienen con firmeza un hueso contra otro, impiden que se muevan demasiado y se disloquen o desarticulen. Estos ligamentos unen el frente de la articulación coxofemoral derecha.

Cartílago suave: cubre los extremos del hueso

INTERIOR DE ARTICULACIÓN SINOVIAL

Vista de la rodilla con las principales partes de una articulación móvil. En los ligamentos está un saco elástico, la cápsula sinovial, tapizado por la membrana sinovial. Eso hace resbaloso el líquido sinovial, el "aceite" que lubrica la articulación. Un brillante cartílago amortiguador cubre los extremos de los huesos, así toda la articulación se robustece y mueve con facilidad.

Músculo

Fémur

Tejido adiposo

Ligamentos que unen los huesos

Líquido sinovial (transparente)

Membrana sinovial: reviste la cápsula

Tibia

Cartílagos

El cuerpo tiene varios tipos de cartílago o ternilla. El principal es el cartílago hialino. Es azul claro nacarado y junta partes estructurales como la nariz, glotis, tráquea y las vías respiratorias pulmonares (págs. 24-25). Dentro de una articulación, un cartílago hialino especializado cubre los extremos de huesos donde se presionan y friccionan entre sí. Es liso para reducir la fricción, y un poco blando para absorber impactos. Otro es el fibrocartílago blanco, presente en los discos entre las vértebras (p. 14) y en partes de ciertas articulaciones, como las cavidades óseas de hombro y cadera, para aguantar el enorme desgaste. Un tercer tipo, presente en partes de los oídos y la laringe, es flexible y elástico, y se llama fibrocartílago amarillo.

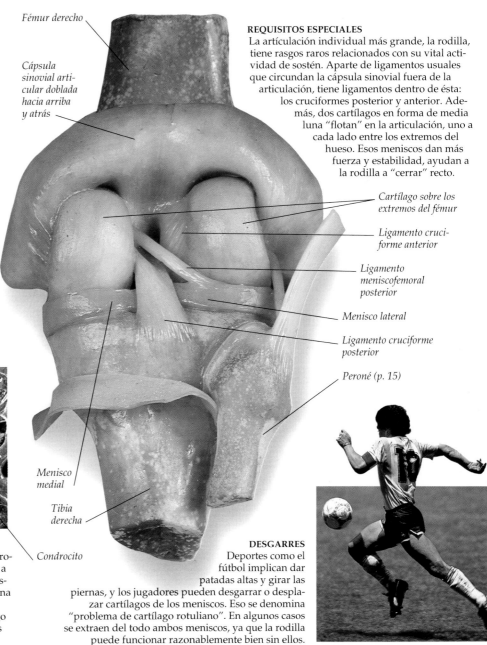

Fémur derecho

Cápsula sinovial articular doblada hacia arriba y atrás

REQUISITOS ESPECIALES

La articulación individual más grande, la rodilla, tiene rasgos raros relacionados con su vital actividad de sostén. Aparte de ligamentos usuales que circundan la cápsula sinovial fuera de la articulación, tiene ligamentos dentro de ésta: los cruciformes posterior y anterior. Además, dos cartílagos en forma de media luna "flotan" en la articulación, uno a cada lado entre los extremos del hueso. Esos meniscos dan más fuerza y estabilidad, ayudan a la rodilla a "cerrar" recto.

Cartílago sobre los extremos del fémur

Ligamento cruciforme anterior

Ligamento meniscofemoral posterior

Menisco lateral

Ligamento cruciforme posterior

Peroné (p. 15)

Menisco medial

Tibia derecha

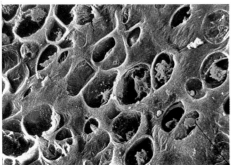

PRODUCCIÓN DE CARTÍLAGO

Las células que producen cartílago son los condrocitos. Viven enterradas en la matriz que forman a su alrededor. Ésta es de fibras de colágeno y elastina, que son proteínas, mezcladas en una gelatina densa y agua, carbohidratos disueltos como almidones y minerales. El cartílago tiene un riego sanguíneo limitado, los nutrientes penetran y los desechos van a vasos sanguíneos.

Condrocito

DESGARRES

Deportes como el fútbol implican dar patadas altas y girar las piernas, y los jugadores pueden desgarrar o desplazar cartílagos de los meniscos. Eso se denomina "problema de cartílago rotuliano". En algunos casos se extraen del todo ambos meniscos, ya que la rodilla puede funcionar razonablemente bien sin ellos.

Los músculos

UN TROZO DE JUGOSO MÚSCULO es el alimento selecto del depredador en el mundo natural; desde un león mordisqueando una gacela hasta un humano comiendo un bistec. En promedio casi todos los animales, hasta el hombre, son en su mitad músculo. Los músculos le dan movimiento al cuerpo. Un músculo es una masa de tejido especializado para hacer un trabajo sencillo: acortarse o contraerse. Cada movimiento, desde guiñar un ojo o correr es impulsado por el sistema muscular. Los músculos, junto con los huesos que mueven, fueron algunas de las primeras partes del cuerpo en dibujarse, describirse y nombrarse a causa del interés general en el movimiento corporal y en comer carne. Galeno identificó unos 300 músculos esqueléticos individuales, poco menos de la mitad del total. Da Vinci observó y anotó más, y sus notables grabados y pinturas de gente viva reflejan ese conocimiento en las ágiles curvas y protuberancias bajo la piel. El volumen, *Epítome*, de la gran obra de Vesalio *De Fabrica* (1543) es un clásico del arte y la ciencia; describe más músculos en cuerpos cuidadosamente disecados o en pose.

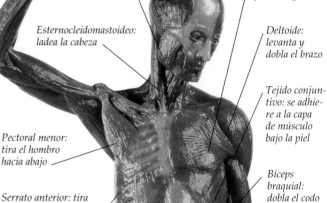

ROCAS Y MÚSCULOS
Nicolás Stenon (1638-1686), científico danés, estudió en Copenhague, Amsterdam y Leiden. Observó los músculos bajo el microscopio y advirtió que se contraían gracias al acortamiento de los miles de diminutas fibras delgadas que forman cada músculo. Además de sus cinco libros sobre anatomía, fue un experto en cristales y el "padre" de la geología.

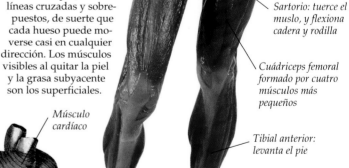

Masetero: cierra una mandíbula

Esternocleidomastoideo: ladea la cabeza

Pectoral menor: tira el hombro hacia abajo

Serrato anterior: tira el hombro en sentido contrario, ampliando el alcance del brazo

Músculo recto del abdomen, a ambos lados del ombligo, tirante para sostener un vientre flácido

Pectoral mayor: retrae el brazo y lo hace girar

Deltoide: levanta y dobla el brazo

Tejido conjuntivo: se adhiere a la capa de músculo bajo la piel

Bíceps braquial: dobla el codo

Flexores: doblan los dedos

Sartorio: tuerce el muslo, y flexiona cadera y rodilla

Cuádriceps femoral formado por cuatro músculos más pequeños

Tibial anterior: levanta el pie

Extensores: levantan la parte anterior de la planta y los dedos hacia arriba

Vista frontal músculos superficiales

MÚSCULOS SUPERFICIALES
Casi todos los músculos esqueléticos se afilan en sus extremos en tendones acordonados, que se fijan al hueso u otros músculos. Tenemos más de 640 músculos esqueléticos organizados en capas, redes de líneas cruzadas y sobrepuestos, de suerte que cada hueso puede moverse casi en cualquier dirección. Los músculos visibles al quitar la piel y la grasa subyacente son los superficiales.

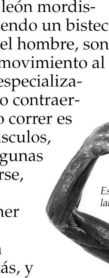

EL LIBRO SUPREMO
Giorgio Baglivi (1668-1707), catedrático y anatomista italiano, decía a sus alumnos: "Nunca hallarán un libro más instructivo e interesante que el paciente". Creía, con ingenuidad, que el cuerpo era un grupo de pequeñas máquinas: los vasos sanguíneos eran un sistema de tubería y los pulmones fuelles. Pero fue el primero en notar que los músculos esqueléticos, que mueven a los huesos, son distintos de los que hacen trabajar los intestinos y otros órganos. Bajo el microscopio, los músculos esqueléticos se ven estriados; los de los intestinos no.

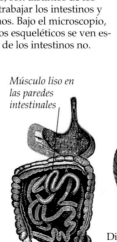

Músculo liso en las paredes intestinales

Músculo cardíaco

Dibujos del siglo XVIII de corazón e intestinos

TRES TIPOS DE MÚSCULOS
Los tres tipos de músculos del cuerpo tienen diversos nombres. Uno es el músculo esquelético porque mueve los huesos, también llamado rayado o estriado (dibujo superior derecho), ya que bajo el microscopio tiene aspecto rayado, y músculo voluntario, porque responde a las órdenes conscientes del cerebro. El músculo visceral, en los intestinos y órganos abdominales se llama músculo liso, no tiene rayas; y músculo involuntario, porque su actividad no se controla a voluntad. El tercer tipo es el músculo cardíaco o miocardio, exclusivo del corazón.

MR. MÚSCULO
Los fisicoculturistas se enorgullecen de marcar, realzar y flexionar sus músculos. Muchos de los músculos superficiales pueden identificarse, bellamente definidos ondeando apenas bajo la piel. Si un músculo se tensa y acorta, su parte principal, o media, se comba y hace más ancha.

INTERIOR DE UN MÚSCULO
Cada músculo esquelético está recubierto por el epimisio. Dentro hay haces de fibras musculares filiformes, cada una en su propia capa, el perimisio. Las fibras son células múltiples gigantes, algunas de más de 0.4 pulg (10 mm) de largo, con varios núcleos y muchísimas mitocondrias (págs. 12-13). Cada fibra es un haz de fibrillas, las unidades contractivas (p. 22). El músculo tiene un abundante riego sanguíneo, dando energía para la contracción, y nervios que indican qué fibras se contraen y cuándo.

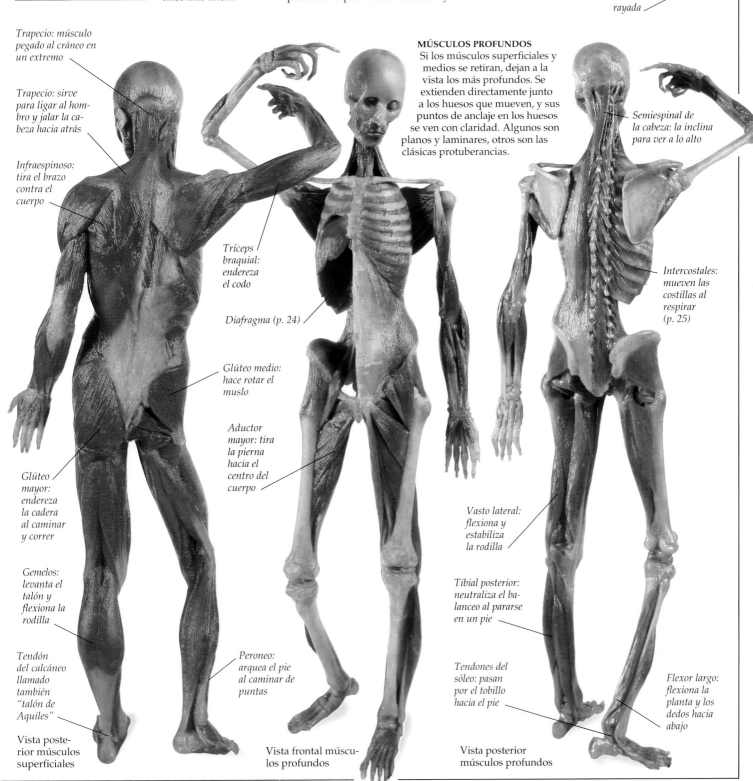

Epimisio

Haz de fibras musculares

Fibras musculares

Células de nervio motor (págs. 58-59)

Perimisio

Fibrilla rayada

Trapecio: músculo pegado al cráneo en un extremo

Trapecio: sirve para ligar al hombro y jalar la cabeza hacia atrás

Infraespinoso: tira el brazo contra el cuerpo

MÚSCULOS PROFUNDOS
Si los músculos superficiales y medios se retiran, dejan a la vista los más profundos. Se extienden directamente junto a los huesos que mueven, y sus puntos de anclaje en los huesos se ven con claridad. Algunos son planos y laminares, otros son las clásicas protuberancias.

Semiespinal de la cabeza: la inclina para ver a lo alto

Tríceps braquial: endereza el codo

Diafragma (p. 24)

Glúteo medio: hace rotar el muslo

Aductor mayor: tira la pierna hacia el centro del cuerpo

Intercostales: mueven las costillas al respirar (p. 25)

Glúteo mayor: endereza la cadera al caminar y correr

Vasto lateral: flexiona y estabiliza la rodilla

Gemelos: levanta el talón y flexiona la rodilla

Tibial posterior: neutraliza el balanceo al pararse en un pie

Tendón del calcáneo llamado también "talón de Aquiles"

Peroneo: arquea el pie al caminar de puntas

Tendones del sóleo: pasan por el tobillo hacia el pie

Flexor largo: flexiona la planta y los dedos hacia abajo

Vista posterior músculos superficiales

Vista frontal músculos profundos

Vista posterior músculos profundos

El cuerpo en movimiento

A FINALES DEL SIGLO XVIII, prácticamente se habían identificado y nombrado todos los músculos del cuerpo. Siempre van en pares opuestos, recalcando la naturaleza simétrica del esqueleto, a diferencia de órganos internos como los intestinos. El músculo más grande es el glúteo mayor (p. 21), en la nalga. El más chico es el del estribo, el hueso más pequeño (p. 55), que se encuentra en el interior del oído. Como una cuerda de algodón, mueve el estribo para amortiguar la vibración de los sonidos demasiado fuertes, evitando que dañen la delicada estructura del oído interno. Una vez que se concluyó la anatomía muscular general, los microscopistas y fisiólogos descubrieron con exactitud cómo funcionan los músculos. Jan Swammerdam (1637-1680) demostró que los músculos alteran su forma, no el tamaño, al contraerse. Luigi Galvani (1737-1798) (p. 58) notó la relación entre músculos y electricidad. La investigación posterior probó que los músculos se contraen ante el estímulo de impulsos eléctricos de señales nerviosas.

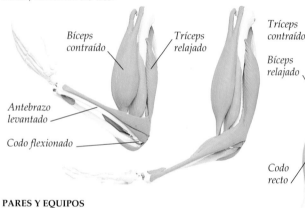

LAS TRES "EFES"
La condición física muscular se mide con tres palabras: fuerza, fibra y flexibilidad. Algunas ocupaciones desarrollan sólo una, pero actividades motrices como bailar o nadar, fomentan las tres.

Bíceps contraído

Tríceps relajado

Antebrazo levantado

Codo flexionado

Tríceps contraído

Bíceps relajado

Codo recto

MOVIMIENTO DEL BRAZO Y LA MANO
Los músculos del tórax y la espalda mueven el hombro; los del brazo, el codo; los del antebrazo activan la muñeca y los dedos. La pierna tiene un diseño general muy similar. Por tradición, los anatomistas llaman al extremo relativamente "fijo" del músculo, el más cercano al centro del cuerpo, el origen del músculo; y al más alejado, que "mueve", la inserción.

PARES Y EQUIPOS
Los músculos sólo se estiran y contraen. No pueden alargarse ni empujar, por eso muchos están dispuestos en pares opuestos. Como el bíceps braquial del brazo, que tira de los huesos del antebrazo y flexiona el codo. Y el tríceps tira del antebrazo en sentido opuesto y así endereza el codo. En la práctica, casi todos los movimientos del cuerpo se deben a la contracción cuidadosamente controlada de varios músculos actuando en pares.

Supinador largo flexiona el codo con rapidez

Tendón del músculo palmar mayor flexiona la muñeca

Aponeurosis palmar de tejido fibroso (p. 51)

Arteria que surte de sangre a todo el brazo (págs. 32-33)

Pronador redondo pliega cerrando el antebrazo

Túnel carpiano

CONTRACCIÓN FIBRILAR
Bajo el microscopio electrónico, un delgado corte de fibrillas (p. 21) de músculo esquelético muestra sus bandas rayadas. Están hechas de filas y filas de dos filamentos proteínicos, actina (amarillas) y miosina (cafés). Si un músculo se contrae, los filamentos de actina se deslizan asegurando los de miosina, acercando más las bandas entre sí y acortando (y resaltando) el músculo. La estructura redonda azul es el retículo sarcoplásmico y transmite impulsos nerviosos a las fibrillas.

Músculo deltoide: levanta todo el miembro

Vena: lleva sangre "viciada" de vuelta al corazón

Coracobraquial: mueve el brazo hacia el cuerpo

Vena yugular

MOVIMIENTO DE MUÑECA Y DEDOS
Delgados músculos flexores dentro del antebrazo tienen tendones largos que pasan por una "correa de reloj" de fibras de ligamentos, el túnel carpiano, en la muñeca. Estos músculos flexionan los dedos, doblando las puntas hacia la palma, como al tocar el piano o cerrar la mano.

Bíceps braquial: flexiona codo y dobla la muñeca

Nervios: dan órdenes a los músculos desde el cerebro (págs. 58-59)

Parte del serrato anterior: ayuda al brazo a extenderse

Costillas (p.15)

Músculos intercostales: levantan las costillas al respirar

Músculo piramidal de la nariz, para fruncir el ceño

Músculo elevador propio del labio superior

Ramificación del nervio facial

CABEZA Y CUELLO
La cabeza pesa unas 8.8 libras (4 kg). Para equilibrar y mover tanto peso sobre los huesos más altos de la columna, muchos músculos fijan la base del cráneo a las vértebras, omóplatos y otros huesos en la parte alta del tórax (págs. 14-15). Cerca de 30 músculos producen una galaxia de expresiones faciales, permitiendo comunicarse en silencio. Muchos de éstos no van pegados a los huesos sino a otros músculos. Unos 10 convergen cerca de la comisura de los labios, anclados en un disco de tejido fibroso: el modiolus. Los párpados y labios tienen anillos de músculos que cierran cuando se contraen.

Orbicular de los labios: los cierra y los frunce

Modiolus en el ángulo de la boca

Milohioideo en el fondo de la boca ayuda a deglutir

Esternohioideo: hace bajar el fondo de la boca y la glotis

Esternocleidomastoideo: sostiene firme la cabeza y la voltea arriba y a los lados

Trapecio: evita que la cabeza caiga hacia adelante

SWAMMERDAM DE AMSTERDAM
Jan Swammerdam (1637-1680) era médico pero pasó la mayor parte de su vida profesional frente al microscopio. Ideó métodos para que los músculos de ranas recién nacidas se contrajeran picando los nervios pegados a éstos. Al sumergir el músculo en agua, demostró que cuando un músculo se acorta su volumen total no disminuye, como se había creído durante mucho tiempo, sino que sigue igual.

23

Respirar para vivir

¿POR QUÉ EL CUERPO MUERE si no respira? La respiración estuvo envuelta en el misterio. Griegos de la Antigüedad como Aristóteles y Platón creían que la comida se quemaba en el corazón igual que una "llama vital", creando vida y calor. La respiración enfriaba la llama, evitando que consumiera el cuerpo. No hubo mucho avance hasta que William Harvey describiera el funcionamiento del corazón (págs. 28-29). Luego se hallaron diminutos vasos sanguíneos y los alvéolos en los pulmones. Robert Boyle, Robert Hooke y John Mayow investigaron la respiración usando la química y los principios mecánicos de fuelles y bomba de succión. Ahora se sabe que los pulmones parecen fuelles: absorben oxígeno. Es vital para ciertas reacciones químicas de las células, la respiración celular. Esta "combustión lenta" de nutrientes como azúcar libera energía para los procesos celulares. El cuerpo no puede almacenar oxígeno, sino que lo toma continuamente del aire, que tiene una quinta parte de oxígeno.

OTROS EFECTOS ÚTILES
El cuerpo usa el aire de la respiración en varias formas. Una es soplar aire en un espacio cerrado para que el aire y el recipiente vibren. Si fuera un instrumento de viento como este saxofón o trompeta, puede producir sonidos inspiradores. Se necesita un gran control de la respiración, de los músculos pectorales controlados por el cerebro del músico.

ENSEÑANZAS DE GALENO
Claudio Galeno, prestigioso médico romano, amplió las nociones de los griegos sobre la respiración. Ideó una compleja teoría basada en varios escritores anteriores. Pensaba que el neuma, un "espíritu" natural, escurría del aire bajando de la tráquea a los pulmones, por venas pulmonares huecas hacia el corazón, donde infundía vida especial a la llama vital. Este "espíritu vital" luego se repartía por el sistema arterial. El aire recogía gases de desecho de la combustión de la llama, y los descargaba en los pulmones.

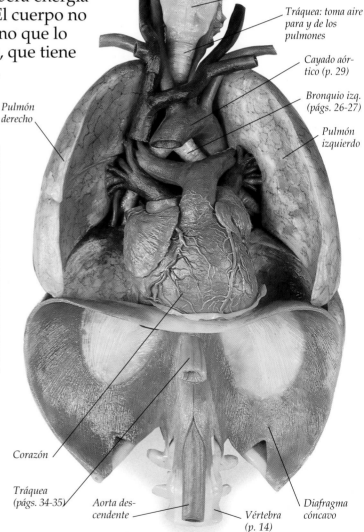

Epiglotis: es un "seguro" de la tráquea

Laringe

Tráquea: toma aire para y de los pulmones

Cayado aórtico (p. 29)

Bronquio izq. (págs. 26-27)

Pulmón izquierdo

Pulmón derecho

Corazón

Tráquea (págs. 34-35)

Aorta descendente

Vértebra (p. 14)

Diafragma cóncavo

RESPIRACIÓN Y COMBUSTIÓN
John Mayow (1640-1679), abogado inglés y luego médico, hizo muchos estudios sobre la respiración. Probó que los músculos del tórax y el diafragma se estiran y expanden como fuelles de succión, jalando aire. También demostró que la exhalación era un proceso no muscular, debido al repliegue elástico natural de los pulmones. Al colocar animales y fuego en recipientes de cristal sellados, juntos y por separado, demostró que usaban la misma "fracción" de aire, comparando la respiración con la combustión. Esa "fracción" más tarde se identificó y denominó oxígeno.

LAS PARTES DEL TÓRAX
El tórax es la cavidad superior de las dos principales secciones del torso, la inferior es el abdomen. El diafragma cóncavo se divide en dos. Dentro de su flexible caja torácica, costillas y esternón, están los órganos más vitales: corazón y pulmones. Los pulmones absorben el oxígeno del aire aspirado llevándolo a la sangre; y el corazón bombea esa sangre por la aorta, para distribuir el oxígeno por el organismo.

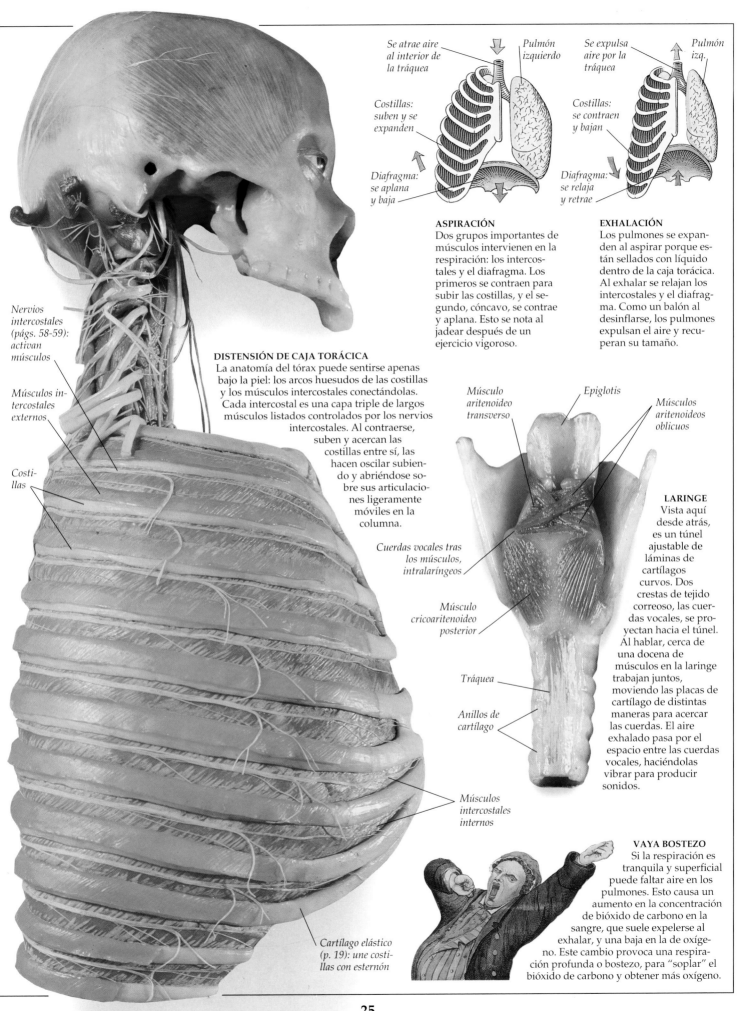

Se atrae aire al interior de la tráquea

Pulmón izquierdo

Costillas: suben y se expanden

Diafragma: se aplana y baja

Se expulsa aire por la tráquea

Pulmón izq.

Costillas: se contraen y bajan

Diafragma: se relaja y retrae

ASPIRACIÓN

Dos grupos importantes de músculos intervienen en la respiración: los intercostales y el diafragma. Los primeros se contraen para subir las costillas, y el segundo, cóncavo, se contrae y aplana. Esto se nota al jadear después de un ejercicio vigoroso.

EXHALACIÓN

Los pulmones se expanden al aspirar porque están sellados con líquido dentro de la caja torácica. Al exhalar se relajan los intercostales y el diafragma. Como un balón al desinflarse, los pulmones expulsan el aire y recuperan su tamaño.

Nervios intercostales (págs. 58-59): activan músculos

Músculos intercostales externos

Costillas

DISTENSIÓN DE CAJA TORÁCICA

La anatomía del tórax puede sentirse apenas bajo la piel: los arcos huesudos de las costillas y los músculos intercostales conectándolas. Cada intercostal es una capa triple de largos músculos listados controlados por los nervios intercostales. Al contraerse, suben y acercan las costillas entre sí, las hacen oscilar subiendo y abriéndose sobre sus articulaciones ligeramente móviles en la columna.

Músculo aritenoideo transverso

Epiglotis

Músculos aritenoideos oblicuos

Cuerdas vocales tras los músculos, intralaríngeos

Músculo cricoaritenoideo posterior

LARINGE

Vista aquí desde atrás, es un túnel ajustable de láminas de cartílagos curvos. Dos crestas de tejido correoso, las cuerdas vocales, se proyectan hacia el túnel. Al hablar, cerca de una docena de músculos en la laringe trabajan juntos, moviendo las placas de cartílago de distintas maneras para acercar las cuerdas. El aire exhalado pasa por el espacio entre las cuerdas vocales, haciéndolas vibrar para producir sonidos.

Tráquea

Anillos de cartílago

Músculos intercostales internos

VAYA BOSTEZO

Si la respiración es tranquila y superficial puede faltar aire en los pulmones. Esto causa un aumento en la concentración de bióxido de carbono en la sangre, que suele expelerse al exhalar, y una baja en la de oxígeno. Este cambio provoca una respiración profunda o bostezo, para "soplar" el bióxido de carbono y obtener más oxígeno.

Cartílago elástico (p. 19): une costillas con esternón

Pulmones por dentro

En 1777 el francés Antoine de Lavoisier por fin identificó la naturaleza de la fracción de aire que sustenta la vida y el fuego y la llamó oxígeno. "Podemos afirmar en general que la respiración no es sino una combustión... parecida en todo a la de un farol o vela... En la respiración, igual que en la combustión, el aire de la atmósfera es el que aporta el oxígeno." Lavoisier usó el término "respiración" para las reacciones químicas que ocurren dentro de las células del organismo. La palabra también significa el proceso físico de respirar. La nariz, garganta, tráquea, principales vías respiratorias, pulmones y diafragma forman el aparato respiratorio. En tiempos de Lavoisier se creía que el cuerpo usaba oxígeno del aire para quemar nutrientes; pero sólo en los pulmones. Tras 20 años Lazzaro Spallanzani demostró que la respiración celular ocurre en todos los tejidos. Los pulmones intercambian gases: absorben oxígeno y emiten bióxido de carbono. Eso coincidió con descubrimientos sobre la circulación sanguínea y el hallazgo de que la sangre tiene oxígeno y bióxido de carbono.

DANDO NOMBRE AL OXÍGENO
Antoine de Lavoisier (1743-1794) realizó muchos experimentos de química, importantes para la fisiología, que demostró ante la nobleza parisiense. Nombró al oxígeno con vocablos griegos que significan "creador de ácido". Durante su vida participó en diversos proyectos, como un plan de iluminación municipal, investigación de explosivos y el uso de métodos científicos en la agricultura, así como labores humanitarias contra el hambre. Fue guillotinado durante la Revolución francesa.

RESPIRACIÓN INTEGRAL
Lazzaro Spallanzani (1729-1799), científico italiano, también fue sacerdote, abogado, catedrático de lógica y metafísica y docente de historia natural en Pavia. Propuso que la respiración no ocurría sólo en los pulmones, sino en todos los tejidos celulares del organismo. La sangre distribuía oxígeno y recogía bióxido de carbono, bombeada por el corazón a los tejidos del cuerpo.

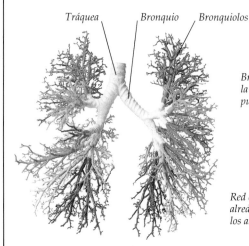

Tráquea — Bronquio — Bronquiolos

Bronquiolo

Brazo de la arteria pulmonar

Red capilar alrededor de los alvéolos

EL ÁRBOL BRONQUIAL
Dentro de los pulmones hay una estructura ramificada de conductillos alveolares: el árbol bronquial. La tráquea se divide en dos conductos grandes, los bronquios, uno por pulmón, que a su vez se dividen 15 o 20 veces y forman miles de bronquiolos finales, más delgados que el cabello más fino.

SITIO DEL INTERCAMBIO DE GASES
Cada bronquiolo final acaba en un racimo de bolsas como burbujas: los alvéolos. Hay unos 350 millones de alvéolos por pulmón. Dan un área comprimida igual a una cancha de tenis, en el tórax, para aprovechar al máximo el intercambio de gases. Cada alvéolo está rodeado por una red de microscópicos vasos sanguíneos: los capilares.

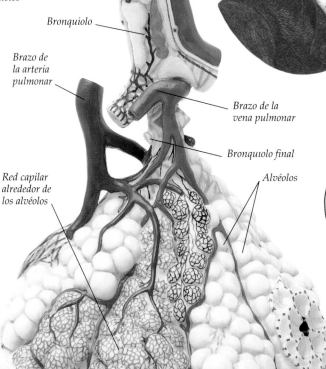

Brazo de la vena pulmonar

Bronquiolo final

Alvéolos

Sangre desoxigenada rica en bióxido de carbono

Bióxido de carbono pasa de la sangre a los alvéolos

Aire viciado sale de los alvéolos

Entra aire puro

Alvéolos envían oxígeno del aire a la sangre

Sangre recién oxigenada

OXÍGENO REFRESCANTE
La pared de los alvéolos es muy delgada, tapizada con una película húmeda en que pueden disolverse gases. El oxígeno del aire se filtra por la gruesa pared unicelular de los capilares en la sangre, cambiando el color oscuro a rojo brillante. El bióxido de carbono pasa de modo contrario.

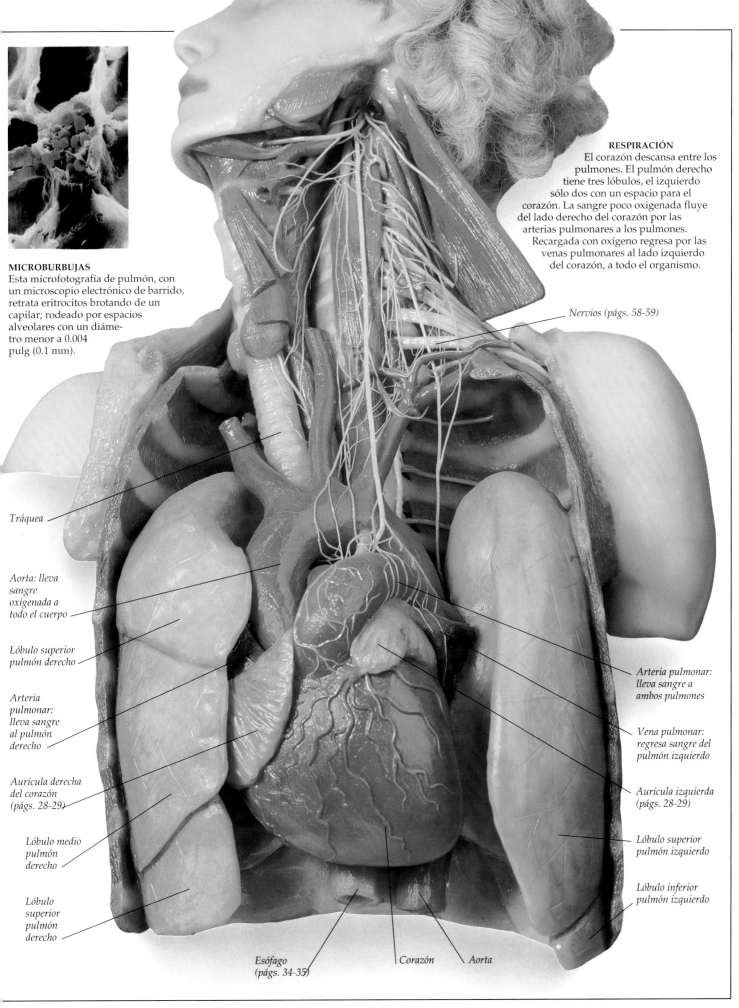

MICROBURBUJAS
Esta microfotografía de pulmón, con
un microscopio electrónico de barrido,
retrata eritrocitos brotando de un
capilar; rodeado por espacios
alveolares con un diáme-
tro menor a 0.004
pulg (0.1 mm).

RESPIRACIÓN
El corazón descansa entre los
pulmones. El pulmón derecho
tiene tres lóbulos, el izquierdo
sólo dos con un espacio para el
corazón. La sangre poco oxigenada fluye
del lado derecho del corazón por las
arterias pulmonares a los pulmones.
Recargada con oxígeno regresa por las
venas pulmonares al lado izquierdo
del corazón, a todo el organismo.

Nervios (págs. 58-59)

Tráquea

*Aorta: lleva
sangre
oxigenada a
todo el cuerpo*

*Lóbulo superior
pulmón derecho*

*Arteria
pulmonar:
lleva sangre
al pulmón
derecho*

*Aurícula derecha
del corazón
(págs. 28-29)*

*Lóbulo medio
pulmón
derecho*

*Lóbulo
superior
pulmón
derecho*

*Arteria pulmonar:
lleva sangre a
ambos pulmones*

*Vena pulmonar:
regresa sangre del
pulmón izquierdo*

*Aurícula izquierda
(págs. 28-29)*

*Lóbulo superior
pulmón izquierdo*

*Lóbulo inferior
pulmón izquierdo*

*Esófago
(págs. 34-35)*   *Corazón*   *Aorta*

27

El corazón

E<small>L CORAZÓN ES UNA SENCILLA</small> bomba muscular extraordinariamente fiable. Su anatomía es muy sencilla, si bien pocas partes del cuerpo han causado tanta confusión al describirlas. En el siglo IV a.C. Aristóteles escribió que el corazón tenía tres cámaras. Eso es cierto en ranas y lagartijas, que quizá él examinó. Pero el corazón humano, como el de cualquier mamífero, tiene cuatro cámaras: dos a cada lado: una aurícula superior de pared delgada, y una mucho más grande abajo, el ventrículo de pared gruesa. Aristóteles también afirmó que el corazón era la sede de la inteligencia. Nuestro lenguaje hace muchas referencias al corazón como centro del deseo, celos, lealtad, amor y otras emociones; aunque el cerebro es el verdadero sitio. Galeno y muchos después de él dijeron que la pared central que divide al corazón, el tabique muscular, tiene minúsculos agujeros o poros; que dejaban filtrar la sangre de un lado a otro del corazón. Andrés Vesalio trató de hallar esos poros introduciendo cerdas en el tabique, pero no lo logró porque no existen. Sólo la obra de Harvey (p. 30) aclaró que la verdadera función del corazón es la de una bomba.

SAGRADO CORAZÓN
En el simbolismo cristiano el corazón es la fuente de bondad y amor. Jesús dijo: "Acumula tesoros para ti en el cielo… Porque donde esté tu tesoro ahí también estará tu corazón."

LAS CONEXIONES ADECUADAS
Andrea Cesalpino (1519-1603), anatomista y botánico italiano, hizo una descripción extraordinariamente exacta de cómo el corazón estaba conectado a los principales vasos sanguíneos y unido a los pulmones más de 20 años antes de la explicación de Harvey en *De Motu Cordis*. Pero en su último libro Cesalpino señaló erróneamente que la sangre salía del corazón por todos los vasos, venas y arterias.

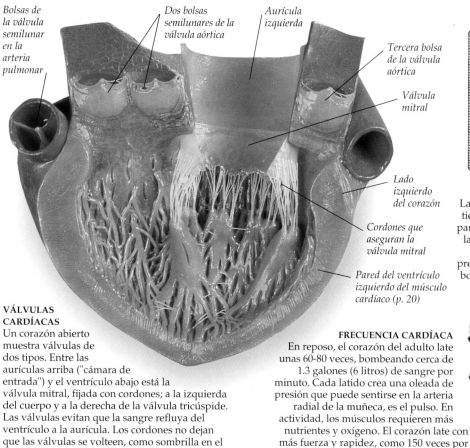

Bolsas de la válvula semilunar en la arteria pulmonar

Dos bolsas semilunares de la válvula aórtica

Aurícula izquierda

Tercera bolsa de la válvula aórtica

Válvula mitral

Lado izquierdo del corazón

Cordones que aseguran la válvula mitral

Pared del ventrículo izquierdo del músculo cardíaco (p. 20)

VÁLVULAS CARDÍACAS
Un corazón abierto muestra válvulas de dos tipos. Entre las aurículas arriba ("cámara de entrada") y el ventrículo abajo está la válvula mitral, fijada con cordones; a la izquierda del cuerpo y a la derecha de la válvula tricúspide. Las válvulas evitan que la sangre refluya del ventrículo a la aurícula. Los cordones no dejan que las válvulas se volteen, como sombrilla en el aire. Al contraerse los ventrículos, la sangre fluye a las arterias (p. 31) por la aorta y la tricúspide.

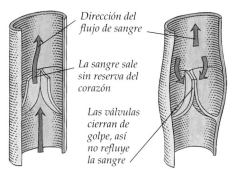

Dirección del flujo de sangre

La sangre sale sin reserva del corazón

Las válvulas cierran de golpe, así no refluye la sangre

VÁLVULAS SEMILUNARES
Las válvulas semilunares en ambas salidas del corazón tienen tapas abolsadas de tejido fijado con firmeza a la pared arterial. La sangre presiona para salir, aplanando las bolsas flexibles contra la pared. Cuando el corazón hace una pausa antes de cada latido, la sangre muy presurizada de las arterias intenta regresar; eso abre las bolsas que se inflan y forman un sello contra la sangre.

FRECUENCIA CARDÍACA
En reposo, el corazón del adulto late unas 60-80 veces, bombeando cerca de 1.3 galones (6 litros) de sangre por minuto. Cada latido crea una oleada de presión que puede sentirse en la arteria radial de la muñeca, es el pulso. En actividad, los músculos requieren más nutrientes y oxígeno. El corazón late con más fuerza y rapidez, como 150 veces por minuto para hacer circular hasta 8.8 galones (40 litros) de sangre.

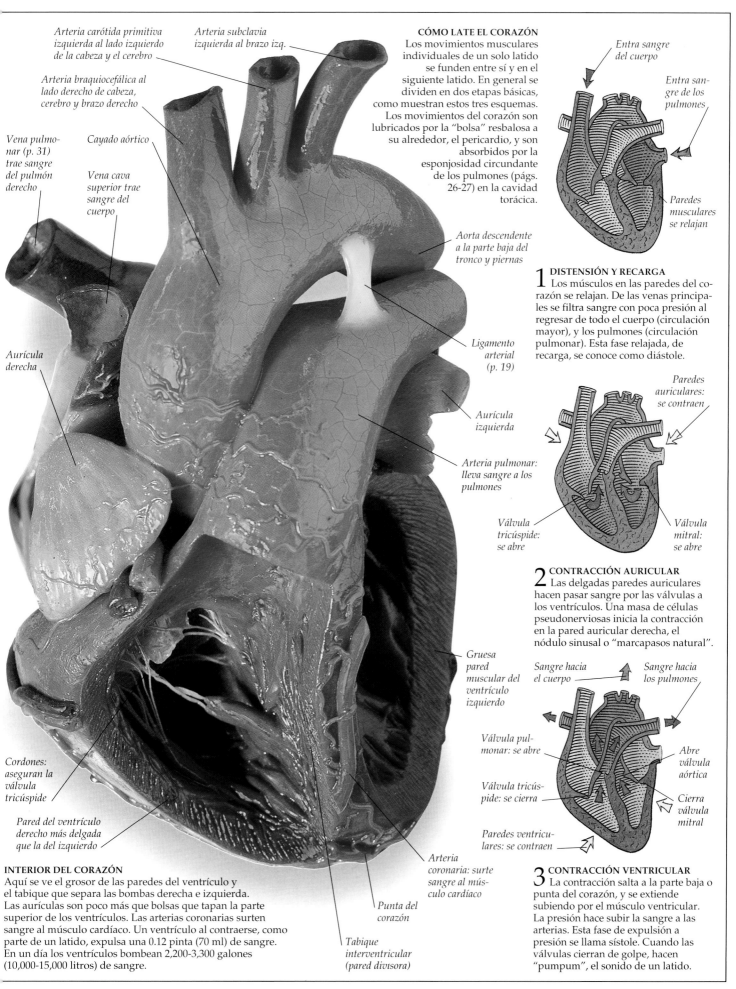

Arteria carótida primitiva izquierda al lado izquierdo de la cabeza y el cerebro

Arteria subclavia izquierda al brazo izq.

Arteria braquiocefálica al lado derecho de cabeza, cerebro y brazo derecho

Vena pulmonar (p. 31) trae sangre del pulmón derecho

Cayado aórtico

Vena cava superior trae sangre del cuerpo

Aurícula derecha

Cordones: aseguran la válvula tricúspide

Pared del ventrículo derecho más delgada que la del izquierdo

Aorta descendente a la parte baja del tronco y piernas

Ligamento arterial (p. 19)

Aurícula izquierda

Arteria pulmonar: lleva sangre a los pulmones

Gruesa pared muscular del ventrículo izquierdo

Arteria coronaria: surte sangre al músculo cardíaco

Punta del corazón

Tabique interventricular (pared divisora)

INTERIOR DEL CORAZÓN

Aquí se ve el grosor de las paredes del ventrículo y el tabique que separa las bombas derecha e izquierda. Las aurículas son poco más que bolsas que tapan la parte superior de los ventrículos. Las arterias coronarias surten sangre al músculo cardíaco. Un ventrículo al contraerse, como parte de un latido, expulsa una 0.12 pinta (70 ml) de sangre. En un día los ventrículos bombean 2,200-3,300 galones (10,000-15,000 litros) de sangre.

CÓMO LATE EL CORAZÓN

Los movimientos musculares individuales de un solo latido se funden entre sí y en el siguiente latido. En general se dividen en dos etapas básicas, como muestran estos tres esquemas. Los movimientos del corazón son lubricados por la "bolsa" resbalosa a su alrededor, el pericardio, y son absorbidos por la esponjosidad circundante de los pulmones (págs. 26-27) en la cavidad torácica.

Entra sangre del cuerpo

Entra sangre de los pulmones

Paredes musculares se relajan

1 DISTENSIÓN Y RECARGA
Los músculos en las paredes del corazón se relajan. De las venas principales se filtra sangre con poca presión al regresar de todo el cuerpo (circulación mayor), y los pulmones (circulación pulmonar). Esta fase relajada, de recarga, se conoce como diástole.

Paredes auriculares: se contraen

Válvula tricúspide: se abre

Válvula mitral: se abre

2 CONTRACCIÓN AURICULAR
Las delgadas paredes auriculares hacen pasar sangre por las válvulas a los ventrículos. Una masa de células pseudonerviosas inicia la contracción en la pared auricular derecha, el nódulo sinusal o "marcapasos natural".

Sangre hacia el cuerpo

Sangre hacia los pulmones

Válvula pulmonar: se abre

Abre válvula aórtica

Válvula tricúspide: se cierra

Cierra válvula mitral

Paredes ventriculares: se contraen

3 CONTRACCIÓN VENTRICULAR
La contracción salta a la parte baja o punta del corazón, y se extiende subiendo por el músculo ventricular. La presión hace subir la sangre a las arterias. Esta fase de expulsión a presión se llama sístole. Cuando las válvulas cierran de golpe, hacen "pumpum", el sonido de un latido.

Circulación sanguínea

AIRE A LA ARTERIA
En esta ilustración del siglo XIII el "espíritu de la vida" de aire inhalado forma una masa oscura en el centro del corazón, donde nacían las arterias.

EL MUSCULOSO CORAZÓN BOMBEA SANGRE por vías o vasos llamados arterias. Éstas se ramifican una y otra vez hasta formar capilares microscópicos, que se reagrupan para formar venas y llevar la sangre de vuelta al corazón. Esta idea hoy parece tan obvia que es difícil imaginarlo de otro modo. Incluso antes de las teorías de Aristóteles (p. 6) y Galeno (p. 9), la gente concebía todo tipo de ideas extravagantes para explicar qué hacían el corazón y los vasos. Un cuento chino del *Nei Ching* de hace unos 2,300 años decía: "El corazón controla toda la sangre... fluye sin cesar en un círculo y nunca se detiene". Quizá eso fue una conjetura inspirada, ya que el texto no tenía datos anatómicos para probarlo. Al morir, las arterias se pliegan y parecen vacías, engañando a muchos científicos. En la Antigua Grecia se creía que las arterias tenían aire y que eran parte de las vías respiratorias. Junto con la antigua creencia de los cuatro humores (p. 36), reinó la confusión para explicar cómo funcionaban corazón, vasos y sangre. Ciertas ideas tenían algo de verdad. La obra de William Harvey, publicada en 1628, por fin puso a la ciencia y la medicina en la senda correcta.

CIRCULACIÓN ININTERRUMPIDA
El crédito por la teoría del aparato circulatorio suele darse al médico inglés William Harvey (1578-1657) aunque Leonardo da Vinci se aproximó bastante. Tras experimentar y observar, en 1628 Harvey publicó *De Motu Cordis et Sanguinis in Animalibus*, o "Sobre el movimiento del corazón y la sangre en los animales". Afirmó que la sangre no "fluía y refluía" en los vasos, como aceptaba casi todo mundo; circulaba sin cesar impulsada por el corazón.

VÁLVULAS VENOSAS
Harvey basó sus ideas en estudios cuidadosos. El enfoque de su obra y libros dio principio a la era de la moderna medicina científica. Sus ilustraciones muestran que la sangre en las venas siempre fluye hacia el corazón, y las válvulas evitan que se equivoque de dirección.

VASOS SANGUÍNEOS DE LA PIERNA
La naturaleza racimosa del aparato circulatorio es muy clara en los vasos de la pierna. La arteria ilíaca externa lleva sangre muy oxigenada al miembro. Se ramifica una y otra vez hasta llegar a brazos más pequeños y delgados. Como capilares microscópicos llevan oxígeno y nutrientes a los tejidos, y recogen desechos para eliminar. Se reagrupan, formando vasos más grandes para recoger sangre, y se conectan a las venas importantes. La vena ilíaca externa es la principal vía que lleva sangre de vuelta al corazón.

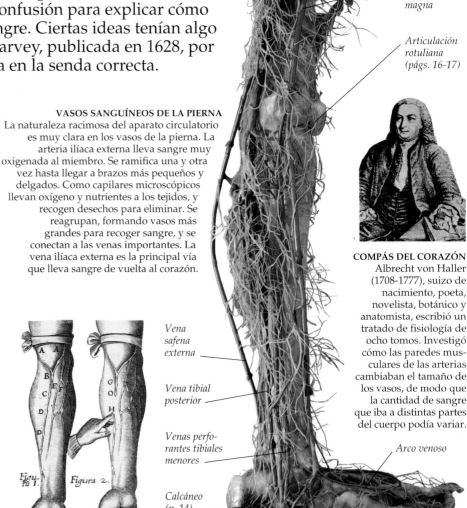

Vena ilíaca externa

Arteria ilíaca externa

Pelvis (págs. 14-15)

Vena femoral

Brazo de la arteria femoral

Vena safena magna

Articulación rotuliana (págs. 16-17)

Vena safena externa

Vena tibial posterior

Venas perforantes tibiales menores

Calcáneo (p. 14)

Arco venoso

Figura 1. Figura 2.

COMPÁS DEL CORAZÓN
Albrecht von Haller (1708-1777), suizo de nacimiento, poeta, novelista, botánico y anatomista, escribió un tratado de fisiología de ocho tomos. Investigó cómo las paredes musculares de las arterias cambiaban el tamaño de los vasos, de modo que la cantidad de sangre que iba a distintas partes del cuerpo podía variar.

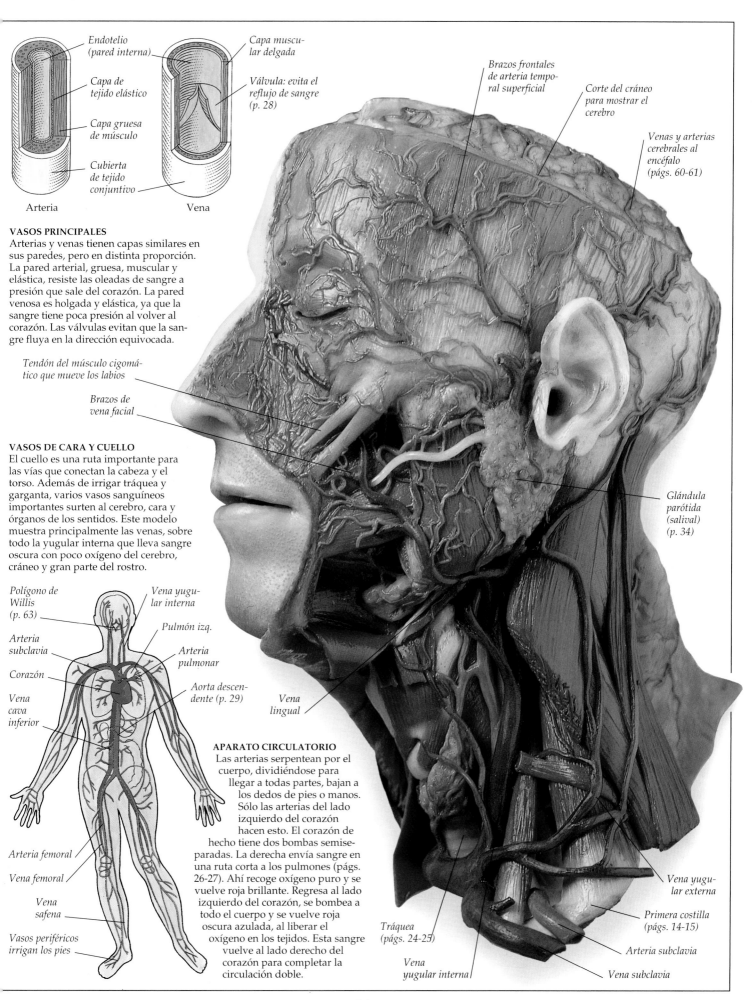

Endotelio
(pared interna)

Capa de
tejido elástico

Capa gruesa
de músculo

Cubierta
de tejido
conjuntivo

Capa muscu-
lar delgada

Válvula: evita el
reflujo de sangre
(p. 28)

Arteria

Vena

VASOS PRINCIPALES

Arterias y venas tienen capas similares en
sus paredes, pero en distinta proporción.
La pared arterial, gruesa, muscular y
elástica, resiste las oleadas de sangre a
presión que sale del corazón. La pared
venosa es holgada y elástica, ya que la
sangre tiene poca presión al volver al
corazón. Las válvulas evitan que la sangre fluya en la dirección equivocada.

Tendón del músculo cigomá-
tico que mueve los labios

Brazos de
vena facial

VASOS DE CARA Y CUELLO

El cuello es una ruta importante para
las vías que conectan la cabeza y el
torso. Además de irrigar tráquea y
garganta, varios vasos sanguíneos
importantes surten al cerebro, cara y
órganos de los sentidos. Este modelo
muestra principalmente las venas, sobre
todo la yugular interna que lleva sangre
oscura con poco oxígeno del cerebro,
cráneo y gran parte del rostro.

Polígono de
Willis
(p. 63)

Arteria
subclavia

Corazón

Vena
cava
inferior

Vena yugu-
lar interna

Pulmón izq.

Arteria
pulmonar

Aorta descen-
dente (p. 29)

Arteria femoral

Vena femoral

Vena
safena

Vasos periféricos
irrigan los pies

Vena
lingual

APARATO CIRCULATORIO

Las arterias serpentean por el
cuerpo, dividiéndose para
llegar a todas partes, bajan a
los dedos de pies o manos.
Sólo las arterias del lado
izquierdo del corazón
hacen esto. El corazón de
hecho tiene dos bombas semise-
paradas. La derecha envía sangre en
una ruta corta a los pulmones (págs.
26-27). Ahí recoge oxígeno puro y se
vuelve roja brillante. Regresa al lado
izquierdo del corazón, se bombea a
todo el cuerpo y se vuelve roja
oscura azulada, al liberar el
oxígeno en los tejidos. Esta sangre
vuelve al lado derecho del
corazón para completar la
circulación doble.

Brazos frontales
de arteria tempo-
ral superficial

Corte del cráneo
para mostrar el
cerebro

Venas y arterias
cerebrales al
encéfalo
(págs. 60-61)

Glándula
parótida
(salival)
(p. 34)

Vena yugu-
lar externa

Primera costilla
(págs. 14-15)

Arteria subclavia

Vena subclavia

Tráquea
(págs. 24-25)

Vena
yugular interna

La sangre

UNA DIMINUTA GOTA DE SANGRE tiene 6 millones de células por milímetro cúbico. Nadie lo vio sino hasta la creación del microscopio. Antes de eso, la sangre era un gran misterio y a menudo se le adoraba y consideraba sagrada. Se le conocía como la misma esencia de la vida, y al menguar el cuerpo moría. Pero se sabía poco de sus componentes. Los médicos de la Antigüedad la probaron y como sabía dulce supusieron que tenía azúcares. Al cortar las arterias vieron que era de color rojo brillante y advirtieron que brotaba a presión. Al cortar venas, era roja oscura; y les sorprendía el cambio de color. Hasta el siglo XIX la sangría fue popular entre los médicos que por otra parte no se ceñían a un tratamiento. No fue sino hasta 1658 que Jan Swammerdam, investigador holandés, observó en el microscopio y fue el primero en identificar y registrar los glóbulos sanguíneos individuales. A partir de entonces, el microscopio se convirtió en una ventana al mundo en miniatura de la sangre: glóbulos blancos, rojos, plaquetas y la porción líquida, el plasma.

ALIMENTARSE CON SANGRE
Mosquitos, pulgas y piojos han chupado sangre durante millones de años. Es un alimento completo para ellos, pero la sangre ha estado envuelta en superstición, leyendas y lo sobrenatural. Muchos han creído que beber sangre, humana o animal, transfiere fuerza, sabiduría y coraje. En *Drácula* (1897), el perdurable relato de Bram Stoker, el Conde bebe la sangre de mujeres jóvenes.

TRANSFUSIONES
Desde la Antigüedad la gente ha estudiado la idea de transfundir (transferir) sangre de una a otra persona, o incluso entre animales y gente, como esta transfusión del siglo XVII, de un perro. Algunos intentos fueron investigaciones formales, otros buscaban deseperadamente salvar la vida de alguien. La mayoría de las veces, la sangre causaba la muerte, al agruparse o reventarse los glóbulos sanguíneos.

Pulmones: transfieren oxígeno y bióxido de carbono de y hacia la sangre (págs. 26-27)

Corazón: bombea sangre a todo el cuerpo (págs. 28-29)

Bazo: elimina eritrocitos viejos y recicla el hierro de éstos (p. 41)

Hígado: controla la concentración de sustancias químicas en la sangre (págs. 36-37)

Estómago e intestinos transfieren nutrientes digeridos a la sangre (págs. 36-37)

GRUPOS SANGUÍNEOS
Karl Landsteiner (1868-1943) y sus colegas descifraron por qué los glóbulos sanguíneos se revientan o reagrupan. En ciertos casos, las sustancias químicas del plasma de una persona reaccionan con las sustancias químicas en la superficie de los glóbulos sanguíneos (p. 13) de la sangre de otra persona. El trabajo llevó al descubrimiento del sistema de grupos sanguíneos ABO a principios del siglo XX, luego a los sistemas M, N y P en 1927. En 1940, el sistema Rh se detectó por vez primera en macacos de la India. Hoy se hacen exámenes sanguíneos y en caso de transfusiones se selecciona sangre que coincida, para máxima seguridad, con la del receptor. Landsteiner recibió el Nobel de fisiología o medicina en 1930.

ACTIVIDADES DE LA SANGRE
Se transporta de un lado a otro en viajes interminables por el cuerpo. Los intercambios entre sangre y tejidos sólo ocurren en capilares, cuyas paredes son tan delgadas que las substancias pueden filtrarse por éstas. La sangre además calienta. Lleva calor de músculos y órganos ocupados a sitios fríos, mantiene una temperatura corporal constante y calienta piel y extremidades.

¿POR QUÉ ES ROJA?
Antoni van Leeuwenhoek, microscopista holandés, propuso que lo rojo de la sangre lo causaban "pequeños glóbulos" que ahora llamamos glóbulos rojos, aunque él los haya visto amarillos bajo sus lentes amplificadores. Cada glóbulo tiene una proteína llamada hemoglobina que transporta oxígeno. La hemoglobina es de color rojo brillante combinada con oxígeno, y rojo oscuro cuando la sangre ha entregado el oxígeno.

¿QUÉ CONTIENE?
Al dejar asentarse una muestra, aparecen sus principales elementos. Poco más de la mitad (55%) es un líquido claro, plasma. Tiene más de 9 partes de agua y azúcares disueltos, sales, desechos, proteínas, hormonas (p. 40) y muchas otras sustancias. La delgada capa, llamada capa leucocítica, es curativa: tiene leucocitos, plaquetas coagulantes. El resto, como 45%, son glóbulos rojos.

Sangre oxigenada   Sangre desoxigenada

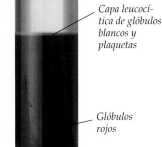

Plasma

Capa leucocítica de glóbulos blancos y plaquetas

Glóbulos rojos

Sangre asentada

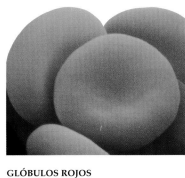

GLÓBULOS ROJOS
También llamados eritrocitos o corpúsculos rojos, son algunas de las células más pequeñas, 0.0003 pulg (0.007 mm) de diámetro. Son cóncavos a los lados. Se producen en la médula ósea (p. 17), donde pierden sus núcleos (centros de control), luego viven de tres a cuatro meses en la sangre.

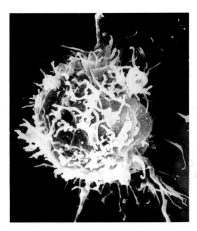

GLÓBULOS BLANCOS
También conocidos como leucocitos o corpúsculos blancos, en realidad no son blancos, sino descoloridos, gelatinosos y pueden escurrirse y cambiar de forma. Son de varios tipos y tamaños. Su función principal es limpiar la sangre, consumir desechos y atacar microbios y otros virus invasores. Para hallar invasores pueden meterse entre las células de las paredes capilares, y desplazarse por los tejidos circundantes con movimientos ondulatorios.

ESTRUCTURA DE LA HEMOGLOBINA
La hemoglobina, mostrada aquí como un modelo molecular por computadora, es una proteína de cuatro cadenas entrelazadas de aminoácidos básicos con unos 10,000 átomos en total. Cuatro de éstos son átomos de hierro (amarillo), en 4 anillos hemo de aminoácidos (verde), que actúan como "magnetos oxidantes". En el ambiente tan oxigenado de los pulmones, cada grupo hemo recoge un par enlazado de átomos de oxígeno. En los tejidos con poco oxígeno, los átomos de oxígeno se desprenden y alejan, para respiración celular (p. 24). Hay unos 300 millones de moléculas de hemoglobina por eritrocito.

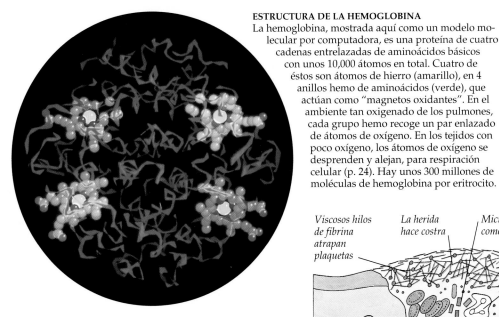

Viscosos hilos de fibrina atrapan plaquetas

La herida hace costra

Microbios invasores como bacterias

Leucocitos van a la herida para devorar los microbios invasores

Epidermis (p. 50)

Dermis

Hipoderemis

Eritrocito

Plaqueta

Leucocito

Vaso sanguíneo

FORMACIÓN DE COÁGULOS
En un pinchazo de sangre hay unos 5 millones de eritrocitos, 10,000 leucocitos y un cuarto de millón de plaquetas, conocidas como trombocitos. Las plaquetas son fragmentos celulares de médula ósea. Al dañar un vaso sanguíneo empieza una cadena de reacciones químicas en la que una hemoproteína disuelta, fibrinógeno, hace hilos insolubles de fibrina. Éstos forman una red intrincada. Las plaquetas se pegan a las paredes capilares y la maraña de fibrina. Los eritrocitos también se enredan y toda la barrera hace un coágulo sellando la fuga.

Comida y digestión

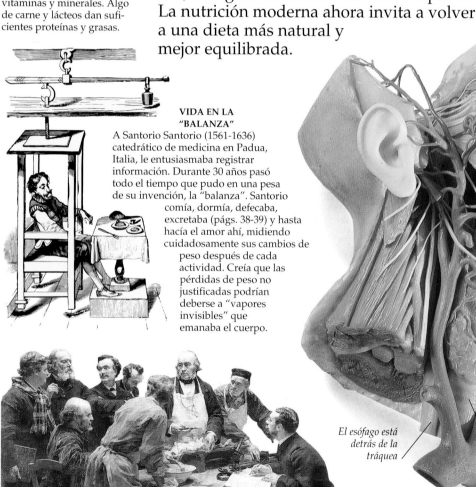

LA COMIDA CONTIENE LAS fuentes de energía y los elementos básicos para mantenerse y curarse, además de ser disfrutable y, a veces, hasta un pasatiempo. Al deglutir, la comida pasa por el tubo digestivo, de la boca baja por el esófago al estómago y luego a los intestinos grueso y delgado. Como es un tubo largo, ha sido posible estudiar la mecánica de la digestión desde la Antigüedad. El conocimiento minucioso de la química de la digestión y por qué se necesitan ciertos alimentos para mantener una buena salud es muy reciente. Lo es más el cambio drástico, sobre todo en Occidente, de la secular y variada dieta de frutas, verduras, nueces y algunas carnes, por la comida rápida y alimentos industrializados ricos en azúcar, grasas y sales. Aunque nuestro aparato digestivo viene desde la Edad de Piedra, lo seguimos usando en la Era Espacial. La nutrición moderna ahora invita a volver a una dieta más natural y mejor equilibrada.

UNA DIETA EQUILIBRADA
Hay seis nutrientes básicos para una buena salud: carbohidratos (almidones y azúcares), grasas, proteínas, fibras, vitaminas y minerales. En muchos sitios un festín tradicional tiene un balance distinto de tipos de alimentos respecto a nuestra actual comida. Hay un buen margen de alimentos a base de fécula como arroz o papas, para energía; y pescado para proteínas. Muchas verduras y frutas son fuentes de fibra, vitaminas y minerales. Algo de carne y lácteos dan suficientes proteínas y grasas.

VIDA EN LA "BALANZA"
A Santorio Santorio (1561-1636) catedrático de medicina en Padua, Italia, le entusiasmaba registrar información. Durante 30 años pasó todo el tiempo que pudo en una pesa de su invención, la "balanza". Santorio comía, dormía, defecaba, excretaba (págs. 38-39) y hasta hacía el amor ahí, midiendo cuidadosamente sus cambios de peso después de cada actividad. Creía que las pérdidas de peso no justificadas podrían deberse a "vapores invisibles" que emanaba el cuerpo.

CLAUDE BERNARD
Claude Bernard (1813-1878), científico francés, a veces es conocido como el fundador de la fisiología experimental, al investigar la actividad química del organismo. Descubrió que sólo algunas etapas de la digestión ocurren en el estómago, el resto sucede en el intestino delgado. También investigó el papel del hígado y el páncreas; y sentó las bases de la homeostasis, la idea de que el organismo mantiene condiciones constantes en su interior.

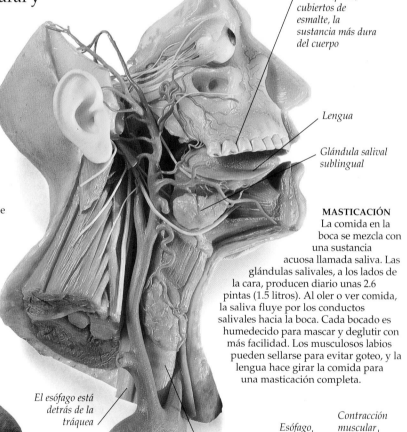

Dientes (p. 48) cubiertos de esmalte, la sustancia más dura del cuerpo

Lengua

Glándula salival sublingual

MASTICACIÓN
La comida en la boca se mezcla con una sustancia acuosa llamada saliva. Las glándulas salivales, a los lados de la cara, producen diario unas 2.6 pintas (1.5 litros). Al oler o ver comida, la saliva fluye por los conductos salivales hacia la boca. Cada bocado es humedecido para mascar y deglutir con más facilidad. Los musculosos labios pueden sellarse para evitar goteo, y la lengua hace girar la comida para una masticación completa.

El esófago está detrás de la tráquea

Tráquea

Esófago

Contracción muscular

RADIOGRAFÍA DE LA DEGLUCIÓN
Cuando el bolo alimenticio está blando y dúctil, la lengua comprime una porción, que se ve impulsada hacia la garganta, a la parte superior del esófago. Las paredes de éste se contraen haciéndolo descender. En esta radiografía se muestra la mitad superior del esófago a la izquierda, y la inferior a la derecha. La comida contiene bario, que resalta en color blanco.

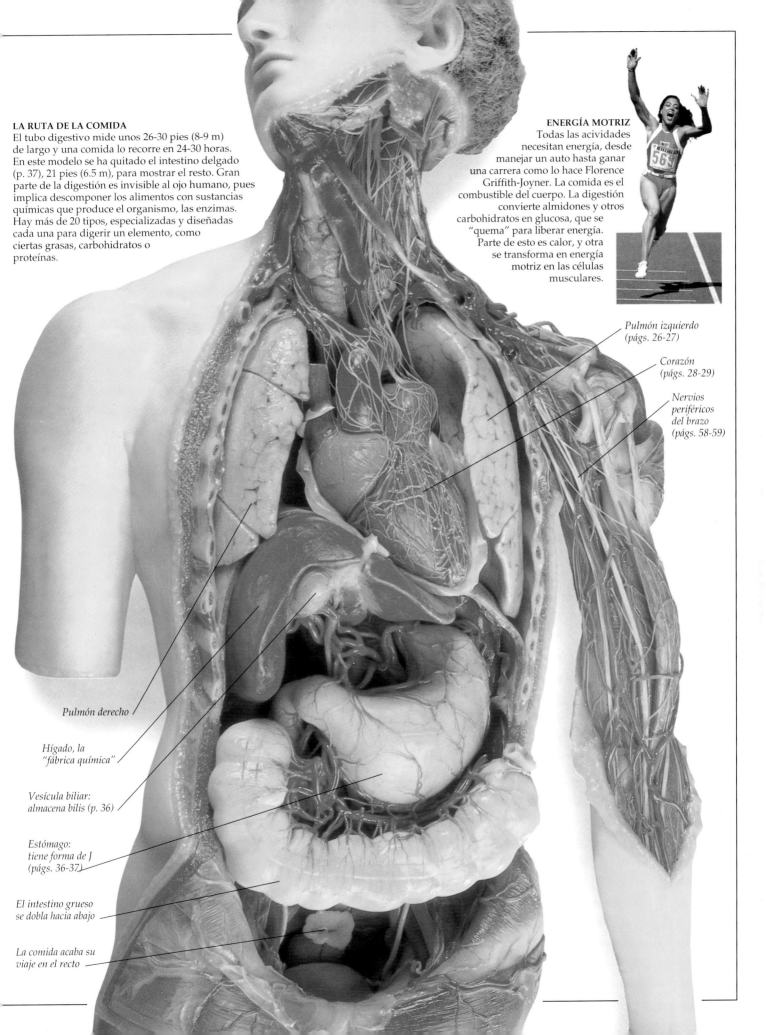

LA RUTA DE LA COMIDA
El tubo digestivo mide unos 26-30 pies (8-9 m)
de largo y una comida lo recorre en 24-30 horas.
En este modelo se ha quitado el intestino delgado
(p. 37), 21 pies (6.5 m), para mostrar el resto. Gran
parte de la digestión es invisible al ojo humano, pues
implica descomponer los alimentos con sustancias
químicas que produce el organismo, las enzimas.
Hay más de 20 tipos, especializadas y diseñadas
cada una para digerir un elemento, como
ciertas grasas, carbohidratos o
proteínas.

ENERGÍA MOTRIZ
Todas las acividades
necesitan energía, desde
manejar un auto hasta ganar
una carrera como lo hace Florence
Griffith-Joyner. La comida es el
combustible del cuerpo. La digestión
convierte almidones y otros
carbohidratos en glucosa, que se
"quema" para liberar energía.
Parte de esto es calor, y otra
se transforma en energía
motriz en las células
musculares.

*Pulmón izquierdo
(págs. 26-27)*

*Corazón
(págs. 28-29)*

*Nervios
periféricos
del brazo
(págs. 58-59)*

Pulmón derecho

*Hígado, la
"fábrica química"*

*Vesícula biliar:
almacena bilis (p. 36)*

*Estómago:
tiene forma de J
(págs. 36-37)*

*El intestino grueso
se dobla hacia abajo*

*La comida acaba su
viaje en el recto*

Estómago, hígado e intestinos

Tras deglutir la comida, ésta baja por el esófago hacia el estómago, que se estira conforme se llena, para dar cabida a 3.5 pintas (2 litros) o más. El estómago mezcla el alimento y lo baña de enzimas y ácidos. Sus fuertes paredes musculares se contraen cada ciertos minutos: revuelven la comida y se forma un semilíquido llamado quimo. De hecho sólo se absorben pocas sustancias por la pared gástrica y pasan a la sangre. La siguiente parte del aparato digestivo es el intestino delgado, donde prosigue la digestión química y se absorben casi todos los nutrientes. En éste viven bacterias "benignas", que producen nutrientes importantes como la vitamina K, ayudan a descomponer la celulosa de las paredes gruesas de células vegetales y procesan las sales biliares. Ambos se benefician: las bacterias viven en un lugar tibio, abundante en alimentos, y el organismo recibe nutrientes que de otro modo le faltarían. El intestino grueso convierte los sobrantes en masas listas para su eliminación.

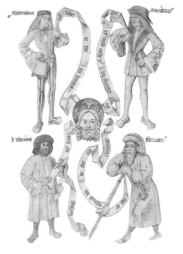

HUMORES ANTIGUOS
En la Antigüedad, una teoría popular seguida por médicos durante siglos, postulaba que el cuerpo contiene cuatro fluidos o humores: sangre, moco (flema), bilis negra y bilis amarilla. El equilibrio de éstos definía el temperamento del individuo. Sangre o *Sanguis*, hacía a una persona confiada; flema o *Pituita*, era flemático; bilis amarilla o *Cole*, era colérico; bilis negra o *Melancole* era melancólico. Se creía que el desequilibrio humoral causaba las enfermedades.

TRANSFORMACIÓN DE ALIMENTOS
El estómago tiene tres capas de fibras musculares que van en forma longitudinal, transversal y diagonal. Entre ellas pueden darle al estómago casi cualquier forma. Éste digiere hasta la mitad de los carbohidratos de una comida, un décimo de las proteínas, pero casi ninguna grasa. Seis horas después de comer, sigue mandando quimo espeso al intestino delgado.

Capa superior de fibras musculares longitudinales

Esófago

Estómago

LA "FÁBRICA" QUÍMICA DEL HÍGADO
El órgano interno más grande del cuerpo es el hígado. Blando y de brillante color rojo, tiene un lóbulo derecho grande y uno izquierdo más pequeño. La sangre fluye al hígado directamente del corazón, y de los intestinos, y mana unas 50,000 unidades diminutas llamadas lobulillos hepáticos, de 0.04 pulg (1 mm) de diámetro. Sus procesos químicos degradan los nutrientes digeridos aún más, juntan sustancias útiles, filtran células viejas de la sangre y almacenan o liberan azúcares, almidones, grasas, vitaminas y minerales, según necesite el cuerpo.

Páncreas

Duodeno

Páncreas

Vesícula biliar

GRASAS, BILIS Y VESÍCULA BILIAR
La vesícula biliar es una bolsa elástica y suave que almacena bilis: fluido café verdoso. Ésta contiene desechos del hígado y glóbulos sanguíneos degradados que le dan su color. De la vía biliar pasa al duodeno, donde sus sales disuelven grasas en minúsculas gotas para mejor absorción.

Hígado *Vía biliar*

Vena cava inferior

Salida de vía biliar al duodeno

ENZIMAS PANCREÁTICAS
El páncreas, órgano en forma de pez, tiene dos funciones. Como glándula endocrina produce la hormona insulina (p. 41). Como glándula exocrina (acanalada) produce jugos pancreáticos cargados de enzimas que digieren carbohidratos, proteínas y sobre todo grasas. Diario circulan 2.6 pintas (1.5 litros) de estos jugos por el conducto pancreático hacia el duodeno.

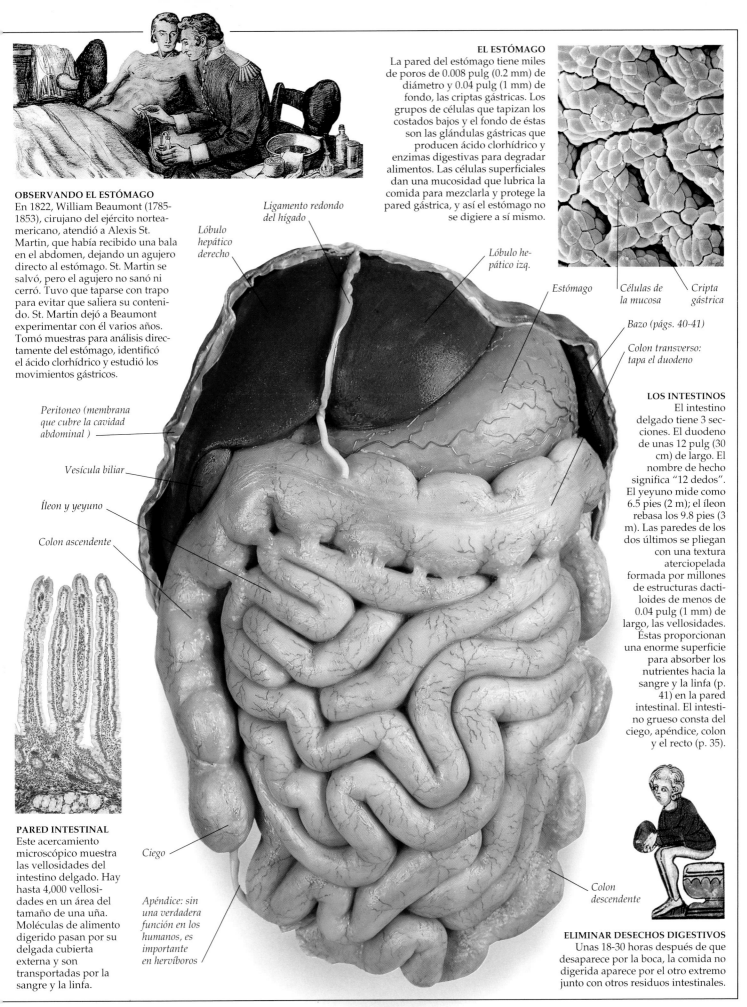

EL ESTÓMAGO

La pared del estómago tiene miles de poros de 0.008 pulg (0.2 mm) de diámetro y 0.04 pulg (1 mm) de fondo, las criptas gástricas. Los grupos de células que tapizan los costados bajos y el fondo de éstas son las glándulas gástricas que producen ácido clorhídrico y enzimas digestivas para degradar alimentos. Las células superficiales dan una mucosidad que lubrica la comida para mezclarla y protege la pared gástrica, y así el estómago no se digiere a sí mismo.

Células de la mucosa

Cripta gástrica

OBSERVANDO EL ESTÓMAGO

En 1822, William Beaumont (1785-1853), cirujano del ejército norteamericano, atendió a Alexis St. Martin, que había recibido una bala en el abdomen, dejando un agujero directo al estómago. St. Martin se salvó, pero el agujero no sanó ni cerró. Tuvo que taparse con trapo para evitar que saliera su contenido. St. Martin dejó a Beaumont experimentar con él varios años. Tomó muestras para análisis directamente del estómago, identificó el ácido clorhídrico y estudió los movimientos gástricos.

Ligamento redondo del hígado

Lóbulo hepático derecho

Lóbulo hepático izq.

Estómago

Bazo (págs. 40-41)

Colon transverso: tapa el duodeno

Peritoneo (membrana que cubre la cavidad abdominal)

Vesícula biliar

Íleon y yeyuno

Colon ascendente

LOS INTESTINOS

El intestino delgado tiene 3 secciones. El duodeno de unas 12 pulg (30 cm) de largo. El nombre de hecho significa "12 dedos". El yeyuno mide como 6.5 pies (2 m); el íleon rebasa los 9.8 pies (3 m). Las paredes de los dos últimos se pliegan con una textura aterciopelada formada por millones de estructuras dactiloides de menos de 0.04 pulg (1 mm) de largo, las vellosidades. Éstas proporcionan una enorme superficie para absorber los nutrientes hacia la sangre y la linfa (p. 41) en la pared intestinal. El intestino grueso consta del ciego, apéndice, colon y el recto (p. 35).

PARED INTESTINAL

Este acercamiento microscópico muestra las vellosidades del intestino delgado. Hay hasta 4,000 vellosidades en un área del tamaño de una uña. Moléculas de alimento digerido pasan por su delgada cubierta externa y son transportadas por la sangre y la linfa.

Ciego

Apéndice: sin una verdadera función en los humanos, es importante en herbívoros

Colon descendente

ELIMINAR DESECHOS DIGESTIVOS

Unas 18-30 horas después de que desaparece por la boca, la comida no digerida aparece por el otro extremo junto con otros residuos intestinales.

Eliminar desechos

Cᴏᴍᴏ ᴜɴᴀ ᴍᴀ́ǫᴜɪɴᴀ ᴄᴏᴍᴘʟᴇᴊᴀ, el cuerpo humano produce varios productos residuales. Los pulmones exhalan bióxido de carbono; el tubo digestivo expulsa restos de comida y otras materias como heces; la piel exuda ciertas sales. Otro desecho es la orina. Los riñones filtran sustancias indeseables y agua excedente de la sangre. La orina se almacena en la vejiga antes de ser expulsada. Los riñones y la vejiga, y sus diversos túbulos conectores se conocen como vías urinarias o sistema excretor. Una de las primeras descripciones exactas de éste aparece en la *Historia Animalium*, de Aristóteles. Mostraba los dos riñones, los uréteres conectándose a la vejiga y la uretra, la vía de expulsión de la vejiga. A simple vista no se veía cómo funcionaban los riñones, y se avanzó poco desde Aristóteles hasta la era del microscopio, cuando Marcelo Malpighi (p. 12) identificó los glomérulos hacia la década de 1650. Hoy tenemos un conocimiento minucioso de cómo un millón de nefronas por riñón filtran la sangre y producen la orina.

GIGANTE DE LA ANTIGUA GRECIA
Aristóteles (384-322 a.C.) también es llamado "padre de la naturaleza y la biología". Generaciones de filósofos siguieron las creencias tradicionales mientras daban poca atención al mundo real. Él fue uno de los primeros en ver el interior de cuerpos verdaderos, casi todos animales, y asentar lo que veía. Y también fue un iniciador al agrupar seres vivos según sus características. Esa clasificación sustenta la ciencia moderna.

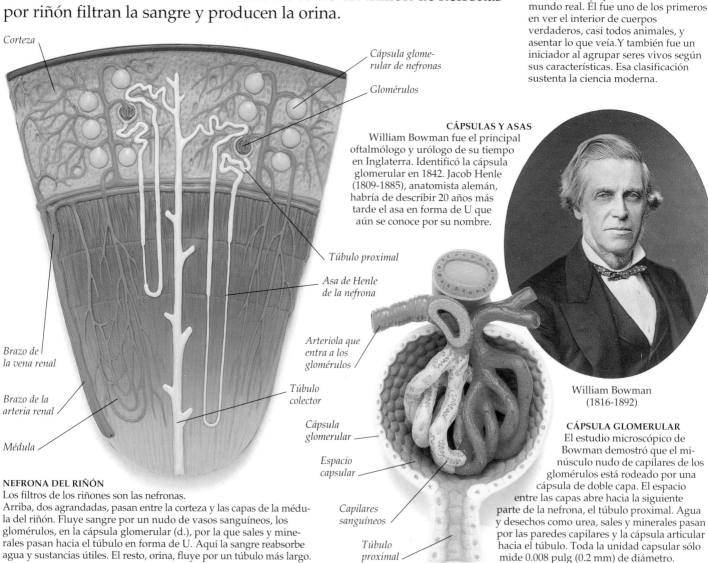

CÁPSULAS Y ASAS
William Bowman fue el principal oftalmólogo y urólogo de su tiempo en Inglaterra. Identificó la cápsula glomerular en 1842. Jacob Henle (1809-1885), anatomista alemán, habría de describir 20 años más tarde el asa en forma de U que aún se conoce por su nombre.

Corteza

Cápsula glomerular de nefronas

Glomérulos

Túbulo proximal

Asa de Henle de la nefrona

Arteriola que entra a los glomérulos

Túbulo colector

Cápsula glomerular

Espacio capsular

Capilares sanguíneos

Túbulo proximal

Brazo de la vena renal

Brazo de la arteria renal

Médula

William Bowman (1816-1892)

NEFRONA DEL RIÑÓN
Los filtros de los riñones son las nefronas.
Arriba, dos agrandadas, pasan entre la corteza y las capas de la médula del riñón. Fluye sangre por un nudo de vasos sanguíneos, los glomérulos, en la cápsula glomerular (d.), por la que sales y minerales pasan hacia el túbulo en forma de U. Aquí la sangre reabsorbe agua y sustancias útiles. El resto, orina, fluye por un túbulo más largo.

CÁPSULA GLOMERULAR
El estudio microscópico de Bowman demostró que el minúsculo nudo de capilares de los glomérulos está rodeado por una cápsula de doble capa. El espacio entre las capas abre hacia la siguiente parte de la nefrona, el túbulo proximal. Agua y desechos como urea, sales y minerales pasan por las paredes capilares y la cápsula articular hacia el túbulo. Toda la unidad capsular sólo mide 0.008 pulg (0.2 mm) de diámetro.

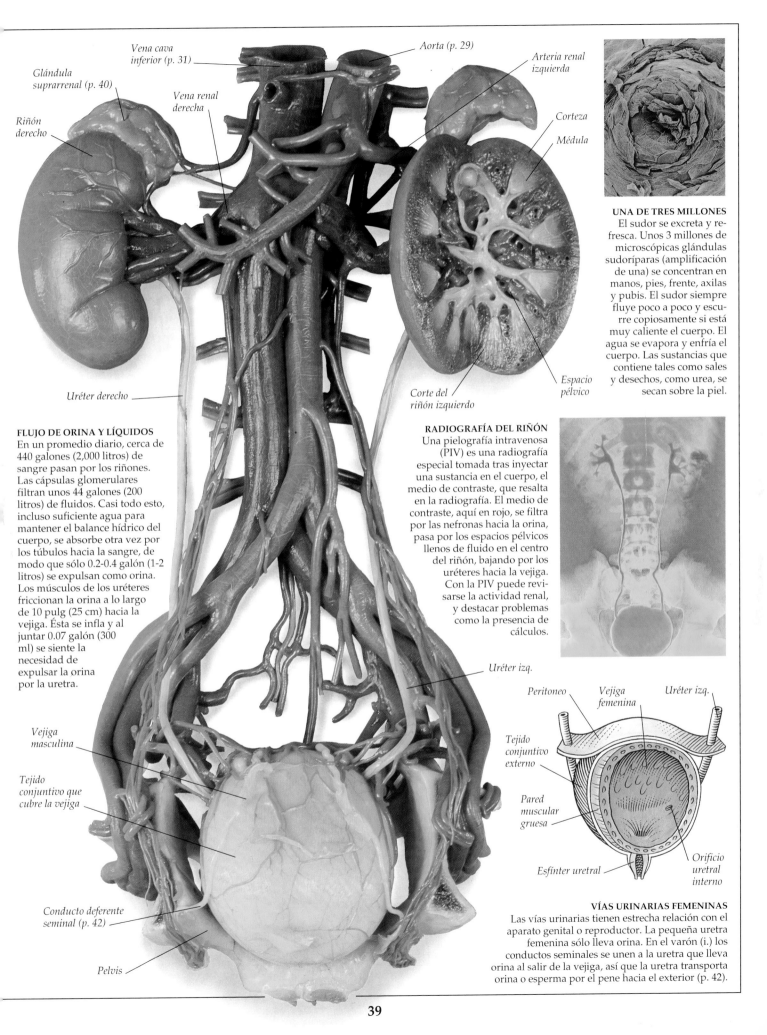

Vena cava inferior (p. 31)

Aorta (p. 29)

Arteria renal izquierda

Glándula suprarrenal (p. 40)

Vena renal derecha

Riñón derecho

Corteza

Médula

UNA DE TRES MILLONES
El sudor se excreta y refresca. Unos 3 millones de microscópicas glándulas sudoríparas (amplificación de una) se concentran en manos, pies, frente, axilas y pubis. El sudor siempre fluye poco a poco y escurre copiosamente si está muy caliente el cuerpo. El agua se evapora y enfría el cuerpo. Las sustancias que contiene tales como sales y desechos, como urea, se secan sobre la piel.

Uréter derecho

Espacio pélvico

Corte del riñón izquierdo

FLUJO DE ORINA Y LÍQUIDOS
En un promedio diario, cerca de 440 galones (2,000 litros) de sangre pasan por los riñones. Las cápsulas glomerulares filtran unos 44 galones (200 litros) de fluidos. Casi todo esto, incluso suficiente agua para mantener el balance hídrico del cuerpo, se absorbe otra vez por los túbulos hacia la sangre, de modo que sólo 0.2-0.4 galón (1-2 litros) se expulsan como orina. Los músculos de los uréteres friccionan la orina a lo largo de 10 pulg (25 cm) hacia la vejiga. Ésta se infla y al juntar 0.07 galón (300 ml) se siente la necesidad de expulsar la orina por la uretra.

RADIOGRAFÍA DEL RIÑÓN
Una pielografía intravenosa (PIV) es una radiografía especial tomada tras inyectar una sustancia en el cuerpo, el medio de contraste, que resalta en la radiografía. El medio de contraste, aquí en rojo, se filtra por las nefronas hacia la orina, pasa por los espacios pélvicos llenos de fluido en el centro del riñón, bajando por los uréteres hacia la vejiga. Con la PIV puede revisarse la actividad renal, y destacar problemas como la presencia de cálculos.

Uréter izq.

Peritoneo

Vejiga femenina

Uréter izq.

Tejido conjuntivo externo

Pared muscular gruesa

Esfínter uretral

Orificio uretral interno

Vejiga masculina

Tejido conjuntivo que cubre la vejiga

VÍAS URINARIAS FEMENINAS
Las vías urinarias tienen estrecha relación con el aparato genital o reproductor. La pequeña uretra femenina sólo lleva orina. En el varón (i.) los conductos seminales se unen a la uretra que lleva orina al salir de la vejiga, así que la uretra transporta orina o esperma por el pene hacia el exterior (p. 42).

Conducto deferente seminal (p. 42)

Pelvis

Química corporal

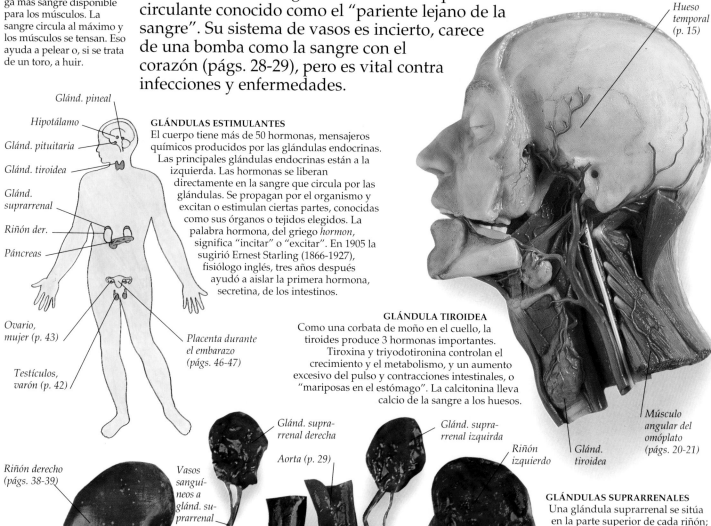

PELEAR O HUIR
La hormona adrenalina prepara al cuerpo para actividad física ante el peligro. Frena el sistema digestivo (p. 34) y contrae los vasos sanguíneos (págs. 50-51) para que la piel tenga más sangre disponible para los músculos. La sangre circula al máximo y los músculos se tensan. Eso ayuda a pelear o, si se trata de un toro, a huir.

REDUZCA EL CUERPO A SUS ELEMENTOS BÁSICOS y obtendrá un complejo laboratorio químico. Cada segundo, millones de sustancias intervienen en reacciones químicas. El proceso general de la química corporal es el metabolismo. Los fisiólogos son quienes aclaran sus intrincados detalles; cómo funcionan órganos y tejidos. La fisiología complementa la anatomía, el estudio de la estructura. Músculos, huesos, nervios e intestinos, todos tienen sus características químicas. Otros tres sistemas químicos abarcan todo el organismo: la circulación sanguínea (págs. 30-33), el sistema hormonal o endocrino y el linfático. La endocrinología estudia las hormonas, los mensajeros químicos del cuerpo. Es una ciencia reciente: empezó en serio hace sólo como un siglo. La linfa es un líquido circulante conocido como el "pariente lejano de la sangre". Su sistema de vasos es incierto, carece de una bomba como la sangre con el corazón (págs. 28-29), pero es vital contra infecciones y enfermedades.

Hueso temporal (p. 15)

Glánd. pineal
Hipotálamo
Glánd. pituitaria
Glánd. tiroidea
Glánd. suprarrenal
Riñón der.
Páncreas
Ovario, mujer (p. 43)
Testículos, varón (p. 42)
Placenta durante el embarazo (págs. 46-47)

GLÁNDULAS ESTIMULANTES
El cuerpo tiene más de 50 hormonas, mensajeros químicos producidos por las glándulas endocrinas. Las principales glándulas endocrinas están a la izquierda. Las hormonas se liberan directamente en la sangre que circula por las glándulas. Se propagan por el organismo y excitan o estimulan ciertas partes, conocidas como sus órganos o tejidos elegidos. La palabra hormona, del griego *hormon*, significa "incitar" o "excitar". En 1905 la sugirió Ernest Starling (1866-1927), fisiólogo inglés, tres años después ayudó a aislar la primera hormona, secretina, de los intestinos.

GLÁNDULA TIROIDEA
Como una corbata de moño en el cuello, la tiroides produce 3 hormonas importantes. Tiroxina y triyodotironina controlan el crecimiento y el metabolismo, y un aumento excesivo del pulso y contracciones intestinales, o "mariposas en el estómago". La calcitonina lleva calcio de la sangre a los huesos.

Músculo angular del omóplato (págs. 20-21)
Glánd. tiroidea

Glánd. suprarrenal derecha
Glánd. suprarrenal izquirda
Aorta (p. 29)
Riñón izquierdo

Riñón derecho (págs. 38-39)
Vasos sanguíneos a glánd. suprarrenal
Vena renal derecha (págs. 30-31)

GLÁNDULAS SUPRARRENALES
Una glándula suprarrenal se sitúa en la parte superior de cada riñón; otro nombre del riñón es glándula renal. La parte externa de la suprarrenal, la corteza, produce varias hormonas llamadas corticosteroides. Incluyen aldosterona para conservar sal y agua en los riñones; esteroides glucocorticoides para activar el metabolismo y enfrentar el estrés, y las hormonas sexuales (págs. 42-43). La parte interna, o médula, produce adrenalina, que alista al cuerpo ante el peligro para pelear o huir.

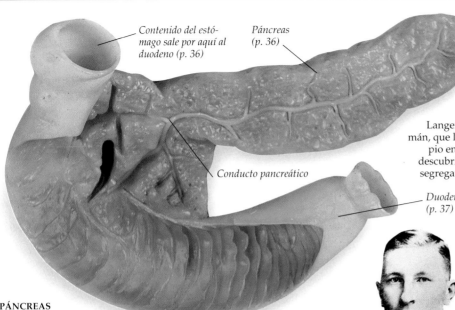

Contenido del estó-mago sale por aquí al duodeno (p. 36)

Páncreas (p. 36)

Conducto pancreático

Duodeno (p. 37)

ISLOTES PANCREÁTICOS

El páncreas (p. 36) tiene más de 1 millón de minúsculos monto-nes de células llamadas islotes de Langerhans; se muestra uno a la derecha. Se llaman así en honor a Paul Langerhans (1847-1888), médico ale-mán, que los descubrió bajo el microsco-pio en 1869. En la década de 1890 se descubrió que las células de los islotes segregan hormonas, como la insulina.

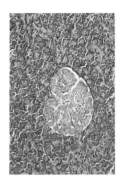

PÁNCREAS

Tiene una función doble: es una glándula acanalada o "exocrina" y una "endocrina", sin conductos. Produ-ce eficaces jugos para la digestión (p. 36), que pasan por el ducto pancreático hacia el intestino. Su otra función es producir dos hormonas: insulina y glucagón. Las hormonas no usan ductos, se filtran directamente a la sangre (págs. 32-33) circulando por el órgano, al lado de las células productoras. El balance de insulina y glucagón controla el nivel de glucosa (azúcar) en la sangre.

HISTORIA DE LA INSULINA

La insulina avisa al hígado que convierta la glucosa en almidón y lo almacene. En 1922 Frederick Banting, canadiense, y Charles Best, norteamericano, anunciaron haber extraído insulina y pro-bado en perros con diabetes, un mal grave causado por falta de insulina. Banting y J. Macleod, director de laboratorio, recibieron el Nobel en 1923.

Sir Frederick Banting (1891-1941)

Charles Best (1899-1978)

El sistema linfático

La linfa es un líquido lechoso que empieza como fluido acuoso que se junta en espacios alrededor de las células (págs. 12-13), y fluidos acuosos que gotean de pequeños vasos sanguíneos (págs. 30-31). Esos líquidos se van poco a poco a un sistema corporal de conductos como venas, con válvulas unidireccionales. Recoge desechos de la actividad celular, distribuye nutrientes, sobre todo grasas, y lleva leucocitos (p. 33) por el cuerpo para combatir infecciones.

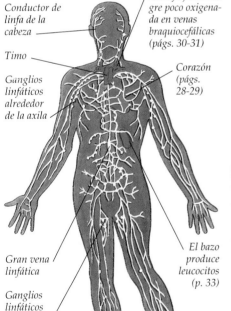

Conductor de linfa de la cabeza

La linfa junta san-gre poco oxigena-da en venas braquiocefálicas (págs. 30-31)

Timo

Corazón (págs. 28-29)

Ganglios linfáticos alrededor de la axila

Gran vena linfática

El bazo produce leucocitos (p. 33)

Ganglios linfáticos en la ingle

Vasos linfáticos periféricos del pie

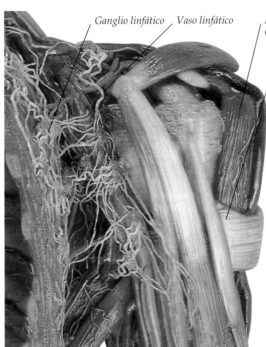

Ganglio linfático   *Vaso linfático*   *Músculo del hombro (págs. 20-21)*

Corte del brazo

TIMO

Dos glándulas importantes se rela-cionan con el sistema linfático: bazo (p. 32) y timo, en lo alto del tórax. El timo es grande en la infancia, pero se encoge en la vida adulta. Ayuda a "capacitar" leucocitos para que reconozcan microbios y otros invasores. El microscopio electrónico muestra la corteza (área externa) del timo. Las esferas son un tipo de leucocitos, llamados linfocitos.

CIRCULANTE LENTO

El sistema de vasos linfáticos es casi tan extenso como el sanguíneo, pero circula a "medias" pues no tiene bomba. En promedio, tenemos como 1.8 pintas (1 litro) de linfa. Mana por sus vasos, impulsada indirectamente por la presión de la sangre y por los músculos que "frotan" las paredes capilares. Los principales vasos sanguí-neos vacían su fluido de nuevo en la sangre, en las venas importantes cerca del corazón.

GANGLIOS LINFÁTICOS

Los vasos linfáticos se dilatan a intervalos y forman ganglios linfáticos que van del tama-ño de una semilla de uva hasta más grandes que una uva. Los ganglios limpian y filtran la linfa, y almacenan leucocitos antiinfecciosos. En varias partes del cuerpo se agrupan gan-glios, como se ve aquí en la axila. Son las llamadas "glándulas" que se hinchan y endu-recen en una enfermedad, por su contenido de millones de leucocitos y bacterias muertas.

Hombres y mujeres

L_A REPRODUCCIÓN ES EL SELLO DE LA VIDA_, una parte vital del ciclo de los seres vivos. En los humanos, la reproducción es muy similar a la de los demás mamíferos. En la parte baja del abdomen están los órganos reproductivos. El hombre tiene testículos que producen espermatozoides en forma de renacuajos. La mujer tiene ovarios que producen óvulos minúsculos. Se crea una nueva vida si un espermatozoide fecunda un óvulo; eso sucede después del coito. Anatomistas científicos precursores como Da Vinci y Vesalio trataron los órganos sexuales como cualquier parte del cuerpo, haciendo cuidadosas descripciones cada vez más exactas. A lo largo de la historia ha habido diversos e inexactos puntos de vista de los órganos reproductores y la cópula; por ejemplo, Aristóteles negaba cualquier contribución femenina a un "alma". Algunas sociedades consideran el acto sexual como natural a la vida. Otras culturas rodean al sexo de tabúes, lo mantienen en secreto, lo reprimen o lo veneran.

GUÍA PARA PRINCIPIANTES

En la década de 1540 Andrés Vesalio (p. 10) presentó los cuerpos masculino y femenino en su libro *Epitome*. El masculino en general es más musculoso que el femenino, con espalda ancha, cadera angosta y más vello en el rostro y el cuerpo. El femenino tiene más grasa, sobre todo en muslos y abdomen, con caderas anchas y senos. *Epitome* se concibió como una guía de "principiantes" en anatomía. Los dibujos identificaban las características externas del cuerpo.

ÓRGANOS MASCULINOS

El aparato reproductor masculino está muy unido a las vías urinarias (págs. 38-39), ya que la uretra, en el pene, es un tubo para la orina o el semen. Los testículos producen millones de espermatozoides diario. Éstos se almacenan en un ovillo de diminutos túbulos estrechos de 547 yardas (500 m) de largo en cada testículo y en la maraña de conductos de 6.6 yardas (6 m) del epidídimo. Durante el coito, contracciones musculares mandan los espermatozoides por el conducto deferente y la uretra, fuera del pene.

Vértebra (p. 14)

Disco de cartílago intervertebral (p. 19)

Colon (págs. 36-37)

Vejiga (págs. 38-39)

Uretra

Pene

Testículo izq.

Escroto

Epidídimo

Vesícula seminal, con la próstata, agrega fluido a los espermatozoides para nutrirlos y estimularlos

Glándula de la próstata

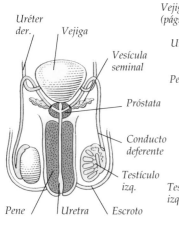

Uréter der.

Vejiga

Vesícula seminal

Próstata

Conducto deferente

Testículo izq.

Pene

Uretra

Escroto

Vista frontal del aparato reproductor masculino

El ciclo menstrual

Los testículos producen espermatozoides todo el tiempo; si no se expulsan mueren y se reabsorben. El aparato femenino tiene cambios hormonales (págs. 40-41) en un ciclo como de cuatro semanas: el ciclo menstrual. Éste ocurre de la pubertad a la menopausia, a menos que haya un embarazo.

ÓVULO MADURO
Cada óvulo madura en una bolsa llena de fluido, el folículo, como ampolla en la superficie del ovario. Esta micrografía muestra un óvulo (rojo) recién liberado, listo para entrar al oviducto. Ha dejado el folículo de De Graaf maduro (ar. i.)

REGNIER DE GRAAF
Regnier de Graaf (1641-1673), anatomista holandés, hizo muchos estudios importantes en Delft. Tras analizar los jugos pancreáticos (p. 36), publicó obras sobre los órganos reproductores masculino y femenino, en 1668 y 1672. Identificó las diminutas "burbujas" de la superficie de los ovarios como ova u óvulo. Más tarde se descubrió que cada burbuja es un folículo maduro, con el óvulo mucho más pequeño dentro de éste. Von Haller (p. 30) los llamó folículos de De Graaf en su honor, unos 90 años después.

CONTROL HORMONAL
La folitropina de la glándula pituitaria (p. 57) madura el folículo del óvulo. La hormona luteinizante de la pituitaria estimula al folículo para liberar el óvulo durante la ovulación. El folículo vacío se llama cuerpo lúteo y produce la hormona progesterona. Ésta, con el estrógeno del ovario, hincha la pared uterina.

Óvulo — *Oviducto* — *Pared del útero* — *Óvulo*
Periodo

1 A. SEMANA La hinchada pared del útero, preparada para nutrir el óvulo fecundado, se desprende y fluye como sangre por la vagina (el periodo).

2 A. SEMANA Un óvulo madura cerca de la superficie de un ovario, se vuelve un folículo de De Graaf. La pared uterina crece y se hincha otra vez.

3 A. SEMANA El óvulo sale de su bolsa o folículo y baja por el oviducto friccionado por los músculos y cilios microscópicos de su pared.

4 A. SEMANA El óvulo llega al útero. No se ha unido a un espermatozoide, y no se necesita la pared uterina rica en sangre; y el ciclo empieza otra vez.

ÓRGANOS FEMENINOS
En este modelo, el ovario derecho está contra la pared abdominal, mientras el útero está seccionado. Cuando un óvulo maduro rompe su folículo es atrapado por las fimbrias y llevado a la ampolla curva. Ésta lo conduce al oviducto, también llamado trompa de Falopio, por el anatomista y noble italiano Gabriel Falopio (1523-1562). Falopio publicó la primera descripción detallada de esta trompa en 1561. El oviducto desemboca en la esquina superior del útero hueco que tiene forma de pera. Si el óvulo no se junta con un espermatozoide y es fecundado, muere y se pierde con la sangre menstrual durante el periodo.

Vértebra

Médula espinal entre las vértebras (p. 58)

Ampolla del oviducto

Fimbrias

Ovario der.

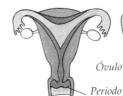

Ovario sostenido por ligamento (p. 19)
Oviducto (trompa de Falopio)
Pared abdominal
Oviducto
Ovario derecho
Útero
Fimbrias
Cuello
Ampolla
Vagina
Vejiga
Uretra

Vista frontal del aparato reproductor femenino

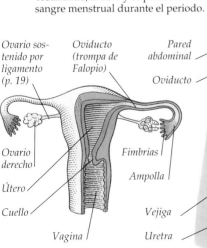

Útero

Cuello uterino

Recto (p. 35)

Vagina

Una nueva vida

LA ESTANCIA EN LA MATRIZ ES LA PRIMERA etapa de la vida de un feto, que no vemos. Es el periodo entre la fecundación del óvulo por un espermatozoide, y la consecuente entrada al mundo al nacer. El embarazo de una mujer dura unos 266 días. El de una rata dura como 20 días y el de una elefanta cerca de 660. Nuestra especie sigue la tendencia general de los mamíferos: a mayor tamaño del cuerpo, mayor tiempo de gestación. De hecho, el embarazo humano sigue en casi todo el modelo habitual de los mamíferos. El conocimiento del embarazo ha recorrido un largo camino desde la época de Aristóteles. Él afirmaba que el padre proporcionaba el alma y espíritu del feto; la madre, la sangre menstrual, que se mezclaba con el semen paterno y permanecía en la matriz para dar vida al feto. Se creía que la madre sólo era la portadora o "incubadora", alimentando y manteniendo la fuerza vital que creaba al nuevo ser.

PRIMER EMBRIÓLOGO
En 1604, Hieronymus Fabricius (1537-1619), catedrático italiano, publicó *De Formato Foetu*, un estudio sobre el desarrollo de óvulos y fetos en una serie de animales, incluso humanos. Mientras vivió, Fabricius fue conocido como el fundador de la embriología. Le dio nombre al ovario, el productor de óvulos, y predijo su funcionamiento.

CÓPULA
En las décadas de 1950 y 1960 los científicos hicieron investigaciones detalladas sobre la relación sexual. La vagina se expande y humedece con secreciones mucosas (p. 43). El pene (p. 42) se llena de sangre y se pone erecto. En la fase orgásmica masculina, los músculos alrededor de los órganos sexuales se contraen rítmicamente y se eyacula el semen en la vagina. Tras el orgasmo, los músculos y órganos sexuales se relajan y vuelven a su tamaño normal, y la pareja a veces se siente somnolienta.

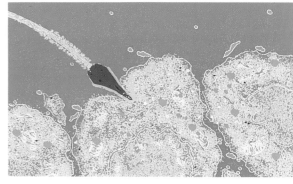

DESARROLLO DEL EMBRIÓN
El óvulo fecundado se divide en dos células (págs. 48-49), luego en cuatro, en ocho, y así sucesivamente cada ciertas horas. Los millares de células resultantes se agrupan poco a poco y cambian a diferentes tipos: como células de los músculos, glóbulos y neuronas. A las cinco semanas de la fecundación, el embrión es más pequeño que un frijol, pero sus brazos y piernas ya están creciendo.

FECUNDACIÓN DEL ÓVULO
En esta microfotografía, un espermatozoide penetra el folículo que protege al óvulo (p. 43). El espermatozoide mide como la vigésima parte de 1 mm de largo, la parte más grande es su larga cola (parte superior izquierda de la imagen). El semen contiene de 300 a 500 millones de espermatozoides, pero sólo uno de ellos fecunda al óvulo.

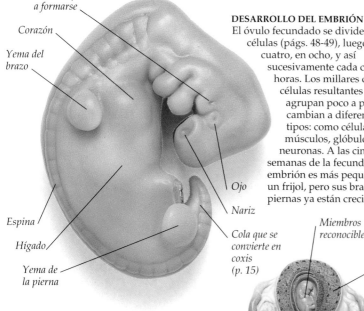

Oído: empieza a formarse
Corazón
Yema del brazo
Espina
Hígado
Yema de la pierna
Ojo
Nariz
Cola que se convierte en coxis (p. 15)

DESARROLLO DEL FETO
Como a los dos meses de la fecundación, todos los principales órganos se han formado, el corazón empieza a latir, aunque el cuerpo apenas mide 1 pulg (25 mm). A los embriólogos les ha asombrado la similitud de los embriones en sus primeras etapas entre hombres, monos, gatos y muchos otros mamíferos. De los dos meses en adelante el feto crece poco a poco con un aspecto claramente humano. Se le conoce como feto, por el vocablo latino "fruto".

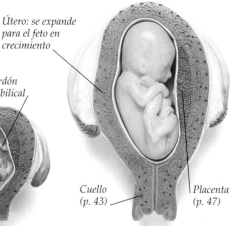

Útero: se expande para el feto en crecimiento
Órganos principales formados
Cordón umbilical
Miembros reconocibles
Pared uterina
Ovario (p. 43)
Cuello (p. 43)
Placenta (p. 47)

1 DOS MESES
El feto es más pequeño que una nuez, crecen los dedos. El embarazo se confirma.

2 TRES MESES
Mide unas 2.8 pulg (7 cm) de largo, mueve miembros y cabeza. La madre casi no siente esto.

3 CINCO MESES
El feto mide 10 pulg (25 cm) de largo, patea y da volteretas en reacción a los sonidos fuertes. El abdomen materno crece.

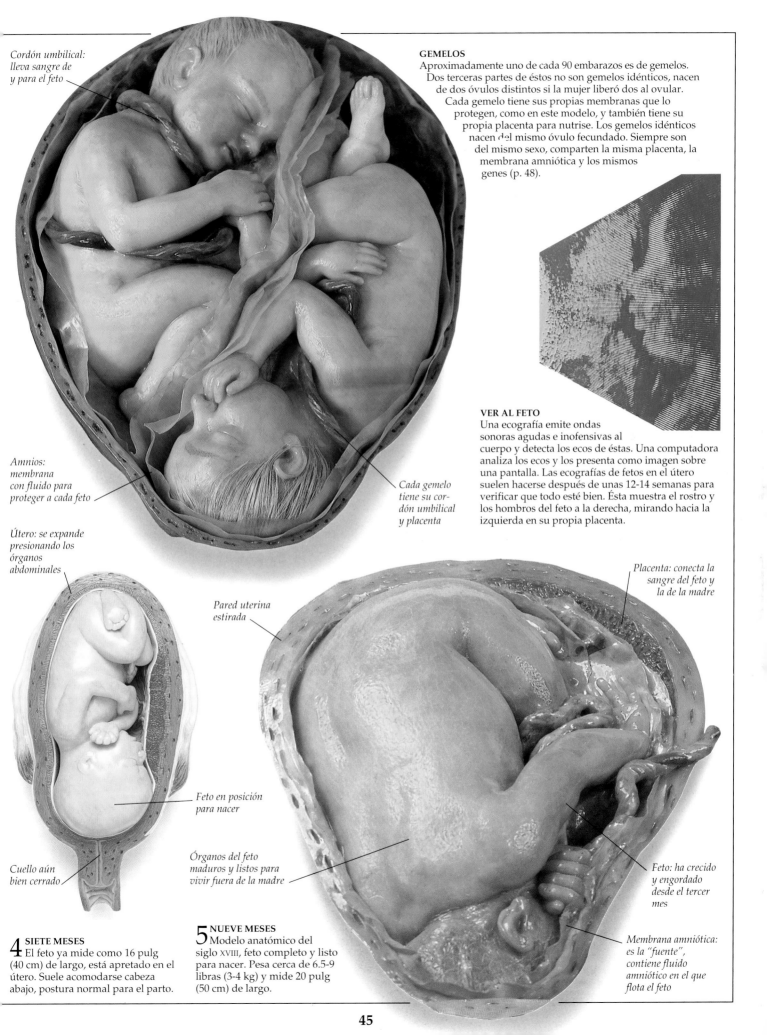

Cordón umbilical: lleva sangre de y para el feto

GEMELOS

Aproximadamente uno de cada 90 embarazos es de gemelos. Dos terceras partes de éstos no son gemelos idénticos, nacen de dos óvulos distintos si la mujer liberó dos al ovular. Cada gemelo tiene sus propias membranas que lo protegen, como en este modelo, y también tiene su propia placenta para nutrirse. Los gemelos idénticos nacen del mismo óvulo fecundado. Siempre son del mismo sexo, comparten la misma placenta, la membrana amniótica y los mismos genes (p. 48).

Amnios: membrana con fluido para proteger a cada feto

Útero: se expande presionando los órganos abdominales

Cada gemelo tiene su cordón umbilical y placenta

VER AL FETO

Una ecografía emite ondas sonoras agudas e inofensivas al cuerpo y detecta los ecos de éstas. Una computadora analiza los ecos y los presenta como imagen sobre una pantalla. Las ecografías de fetos en el útero suelen hacerse después de unas 12-14 semanas para verificar que todo esté bien. Ésta muestra el rostro y los hombros del feto a la derecha, mirando hacia la izquierda en su propia placenta.

Placenta: conecta la sangre del feto y la de la madre

Pared uterina estirada

Feto en posición para nacer

Cuello aún bien cerrado

Órganos del feto maduros y listos para vivir fuera de la madre

Feto: ha crecido y engordado desde el tercer mes

4 SIETE MESES
El feto ya mide como 16 pulg (40 cm) de largo, está apretado en el útero. Suele acomodarse cabeza abajo, postura normal para el parto.

5 NUEVE MESES
Modelo anatómico del siglo XVIII, feto completo y listo para nacer. Pesa cerca de 6.5-9 libras (3-4 kg) y mide 20 pulg (50 cm) de largo.

Membrana amniótica: es la "fuente", contiene fluido amniótico en el que flota el feto

Parto y recién nacido

EN TEORÍA, EL PARTO ES UN PROCESO relativamente sencillo. El cuello uterino, que está perfectamente cerrado durante el embarazo, se relaja y abre (dilata). Los músculos uterinos se tensan y acortan en oleadas llamadas contracciones que se vuelven más fuertes y frecuentes. Esta etapa es el trabajo de parto, nombre idóneo ya que es una labor ardua para la madre y el feto. Poco a poco las contracciones empujan al feto por el cuello dilatado, hacia la vagina y al exterior. Es ésta la segunda etapa, el parto. La tercera, secundinas, es cuando sale la placenta. En la práctica, las experiencias varían. El trabajo a veces es lento o el feto se atora. Métodos usados para "ayudar" al feto van de lo vano a lo bárbaro. La cesárea es una intervención llamada así debido al emperador romano, Julio César (100-44 a.C.), quien se supone nació así. En el pasado solía realizarse si la madre moría. Sólo hasta el siglo XX madre e hijo tuvieron posibilidades razonables. La especialidad médica respectiva es la obstetricia, del vocablo latino *obstare*, que significa "parado enfrente", refiriéndose a la partera que estaba cerca de la madre y la ayudaba durante todo el nacimiento.

MADRE Y RECIÉN NACIDO
Los minutos y horas posteriores al alumbramiento son muy importantes para la madre y el recién nacido. Pronto aprenden a reconocerse uno al otro, sobre todo por el olfato (págs. 56-57) que está profundamente arraigado en las partes emocionales del cerebro (p. 61). El vínculo madre-hijo es muy fuerte, como lo es hasta en los animales salvajes.

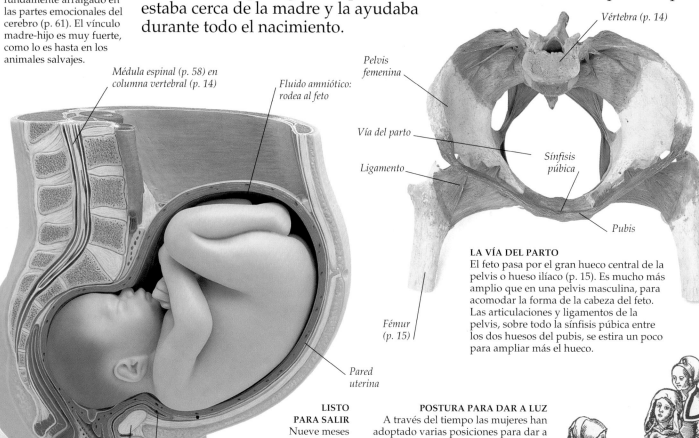

Médula espinal (p. 58) en columna vertebral (p. 14)

Fluido amniótico: rodea al feto

Vértebra (p. 14)

Pelvis femenina

Vía del parto

Ligamento

Sínfisis púbica

Pubis

Pared uterina

Fémur (p. 15)

Cuello y vagina (p. 43)

Pubis

Vejiga presionada por el útero

LA VÍA DEL PARTO
El feto pasa por el gran hueco central de la pelvis o hueso ilíaco (p. 15). Es mucho más amplio que en una pelvis masculina, para acomodar la forma de la cabeza del feto. Las articulaciones y ligamentos de la pelvis, sobre todo la sínfisis púbica entre los dos huesos del pubis, se estira un poco para ampliar más el hueco.

LISTO PARA SALIR
Nueve meses después de la fecundación, el recién nacido a término está listo para dejar la tibia y acuosa oscuridad del útero. Casi todos se acomodan cabeza abajo, de modo que salen por la vía del parto con la parte más ancha y redonda: la cabeza. El resto del cuerpo entonces sale deslizándose con facilidad. Otras posturas, como la podálica, tienen complicaciones.

POSTURA PARA DAR A LUZ
A través del tiempo las mujeres han adoptado varias posiciones para dar a luz. La silla obstétrica o el banco de alumbramiento se han usado desde la Antigüedad, permiten que la gravedad ayude al parto. Este grabado del siglo XVI muestra a una madre ayudada por una partera, usando un largo y amplio vestido por pudor. Algunas madres eligen acostarse y levantar las piernas, o prefieren ponerse en cuclillas o incluso dar a luz mientras flotan en una piscina.

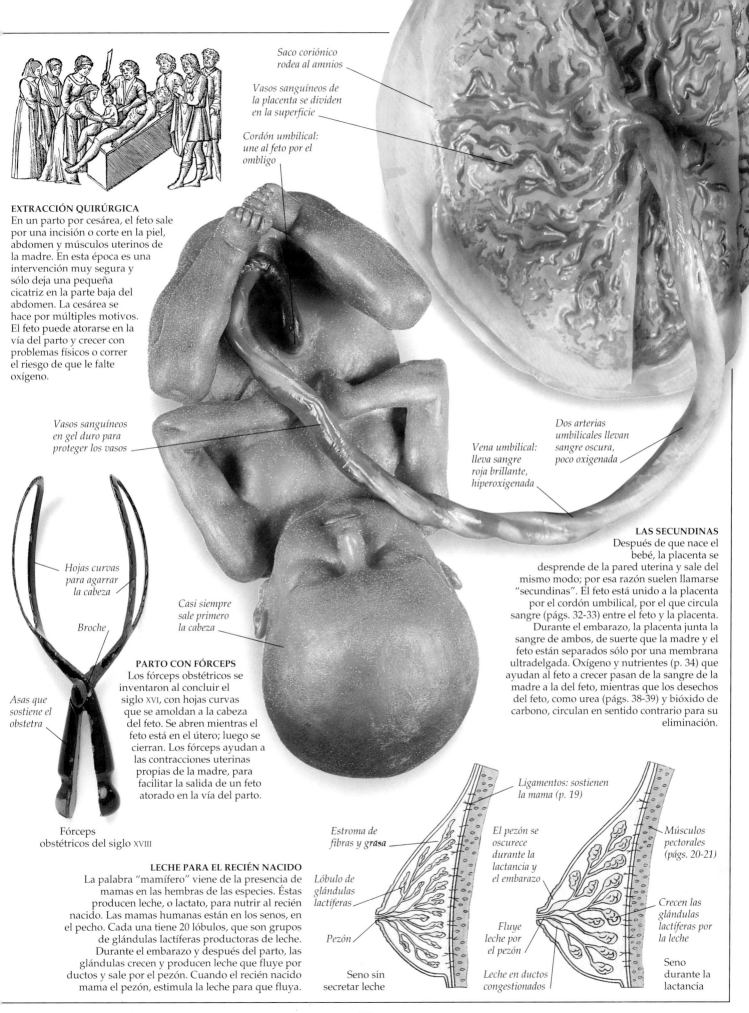

Saco coriónico rodea al amnios

Vasos sanguíneos de la placenta se dividen en la superficie

Cordón umbilical: une al feto por el ombligo

EXTRACCIÓN QUIRÚRGICA

En un parto por cesárea, el feto sale por una incisión o corte en la piel, abdomen y músculos uterinos de la madre. En esta época es una intervención muy segura y sólo deja una pequeña cicatriz en la parte baja del abdomen. La cesárea se hace por múltiples motivos. El feto puede atorarse en la vía del parto y crecer con problemas físicos o correr el riesgo de que le falte oxígeno.

Vasos sanguíneos en gel duro para proteger los vasos

Dos arterias umbilicales llevan sangre oscura, poco oxigenada

Vena umbilical: lleva sangre roja brillante, hiperoxigenada

LAS SECUNDINAS

Después de que nace el bebé, la placenta se desprende de la pared uterina y sale del mismo modo; por esa razón suelen llamarse "secundinas". El feto está unido a la placenta por el cordón umbilical, por el que circula sangre (págs. 32-33) entre el feto y la placenta. Durante el embarazo, la placenta junta la sangre de ambos, de suerte que la madre y el feto están separados sólo por una membrana ultradelgada. Oxígeno y nutrientes (p. 34) que ayudan al feto a crecer pasan de la sangre de la madre a la del feto, mientras que los desechos del feto, como urea (págs. 38-39) y bióxido de carbono, circulan en sentido contrario para su eliminación.

Hojas curvas para agarrar la cabeza

Broche

Casi siempre sale primero la cabeza

Asas que sostiene el obstetra

PARTO CON FÓRCEPS

Los fórceps obstétricos se inventaron al concluir el siglo XVI, con hojas curvas que se amoldan a la cabeza del feto. Se abren mientras el feto está en el útero; luego se cierran. Los fórceps ayudan a las contracciones uterinas propias de la madre, para facilitar la salida de un feto atorado en la vía del parto.

Fórceps obstétricos del siglo XVIII

LECHE PARA EL RECIÉN NACIDO

La palabra "mamífero" viene de la presencia de mamas en las hembras de las especies. Éstas producen leche, o lactato, para nutrir al recién nacido. Las mamas humanas están en los senos, en el pecho. Cada una tiene 20 lóbulos, que son grupos de glándulas lactíferas productoras de leche. Durante el embarazo y después del parto, las glándulas crecen y producen leche que fluye por ductos y sale por el pezón. Cuando el recién nacido mama el pezón, estimula la leche para que fluya.

Ligamentos: sostienen la mama (p. 19)

Estroma de fibras y grasa

El pezón se oscurece durante la lactancia y el embarazo

Músculos pectorales (págs. 20-21)

Lóbulo de glándulas lactíferas

Pezón

Fluye leche por el pezón

Crecen las glándulas lactíferas por la leche

Seno sin secretar leche

Leche en ductos congestionados

Seno durante la lactancia

Crecimiento y desarrollo

EL CUERPO NUNCA VUELVE A crecer tan rápido como en la matriz (págs. 44-45). La única célula del óvulo fecundado se ha multiplicado miles de millones de veces. De crecer al mismo ritmo, un lactante tendría una estatura de más de 1 milla (2 km) al año de vida. En los primeros 20 años, el modelo general de crecimiento da prioridad a la cabeza. Cerebro y cabeza van primero, seguidos por tórax y abdomen, luego brazos y piernas. Al nacer, la cabeza es relativamente grande y los miembros cortos. El torso se empareja en la infancia, los brazos y piernas son los últimos en crecer en la adolescencia. Este modelo de crecimiento, como cualquier actividad fisiológica del cuerpo, es controlado por los genes. Son instrucciones codificadas en una compleja forma química para construir y mantener la estructura y la química de un ser humano. Hay como 50,000-100,000 genes en un cuerpo. Cada célula, de huesos, grasa o músculos, tiene dos copias de todas ellas en el núcleo (págs. 12-13). Las células que intervienen en la reproducción, gametos, óvulos o espermatozoides, sólo tienen una copia, y al juntarse en la fertilización forman el par. Los glóbulos rojos no tienen núcleo y, por ende, no son portadores de genes.

DESCIFRAR EL CÓDIGO GENÉTICO
Los genes están hechos de ácido desoxirribonucleico o ADN. Éste tiene una molécula doble de forma helicoidal; cada espiral lleva filas de sustancias químicas: las bases. Y su orden variable determina las instrucciones genéticas. La estructura fue descubierta por James Watson (1928-), biólogo norteamericano, y Francis Crick (1916-), bioquímico inglés. Con Maurice Wilkins recibieron el Nobel en 1962.

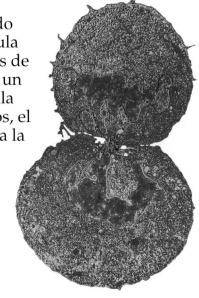

DIVISIÓN CELULAR
Crecer es hacer más células, no hacerlas más grandes. Las células que no intervienen produciendo gametos para la reproducción (págs. 42-43) se multiplican dividiéndose en copias de sí mismas. Eso se llama mitosis. Tras un periodo de crecimiento celular el material genético, en rojo en esta microfotografía, se duplica. Los dos juegos de genes se apartan. La membrana externa se contrae, y la célula se divide en dos células independientes.

Dientes

Son estructuras especiales que nacen en el hueso, crecen y se mudan en la infancia. Están cubiertos de esmalte, la sustancia más dura del cuerpo, que debe resistir casi una vida de cortar y triturar. Cada uno de los cuatro tipos de dientes tiene una función específica; pero no tan marcada como en perros o caballos. Los incisivos, en forma de cincel, cortan y rebanan; los colmillos aprietan y desgarran; los molares y premolares planos y anchos machacan y mastican.

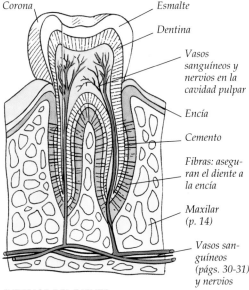

Corona
Esmalte
Dentina
Vasos sanguíneos y nervios en la cavidad pulpar
Encía
Cemento
Fibras: aseguran el diente a la encía
Maxilar (p. 14)
Vasos sanguíneos (págs. 30-31) y nervios
Brote dental creciendo en el maxilar

INTERIOR DEL DIENTE
La corona del diente, que sobresale a la encía, está fijada por largas raíces, pegadas con "cemento" vivo en el maxilar. Bajo el durísimo esmalte está la dentina, menos dura y amortiguante, para hacer más cómoda la masticación. Dentro está la cavidad pulpar, con vasos sanguíneos que alimentan a nervios y al diente vivo (págs. 58-59) y previene lesiones, enfermedad y caries.

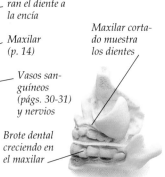

Maxilar cortado muestra los dientes

DIENTES AL NACER
Los dientes de un recién nacido suelen estar ocultos bajo las encías. Son visibles, o nacen, como a los seis meses de edad.

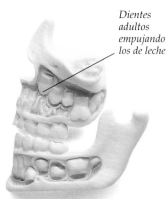

Dientes adultos empujando los de leche

DIENTES A LOS CINCO AÑOS
Los primeros 20 dientes que crecen se llaman primarios, efímeros o de leche. Como a los seis años empiezan a caerse, y los definitivos crecen en su lugar.

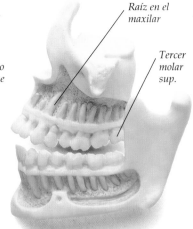

Raíz en el maxilar
Tercer molar sup.

JUEGO DE DIENTES DEFINITIVOS
A los 21 años están completos los 32 dientes. A ambos lados de cada maxilar hay 2 incisivos, 1 colmillo, 2 premolares y 3 molares. En algunas personas, los terceros molares nunca salen.

CRECIMIENTO Y EL ESQUELETO

El esqueleto primero crece como cartílago (p. 19). El tejido óseo se extiende desde diversos puntos en el cartílago, los centros de osificación, y osifica al cartílago (págs. 16-17). Algunos "huesos" del esqueleto de un recién nacido aún son cartílago, como el cráneo aquí mostrado, las muñecas, manos, tobillos y pies. Casi toda la cabeza del recién nacido es cerebro. Durante el parto, los huesos semicartilaginosos del cráneo (p. 15) se mueven juntos en áreas suaves o fontanelas, para amoldar el cráneo a la vía del parto (p. 46). La cara del recién nacido es muy pequeña. En la infancia los huesos del rostro crecen más rápido y los del cráneo se unen con firmeza en puntos ondulantes (p. 16): las suturas. El esqueleto deja de crecer hacia los 20 años.

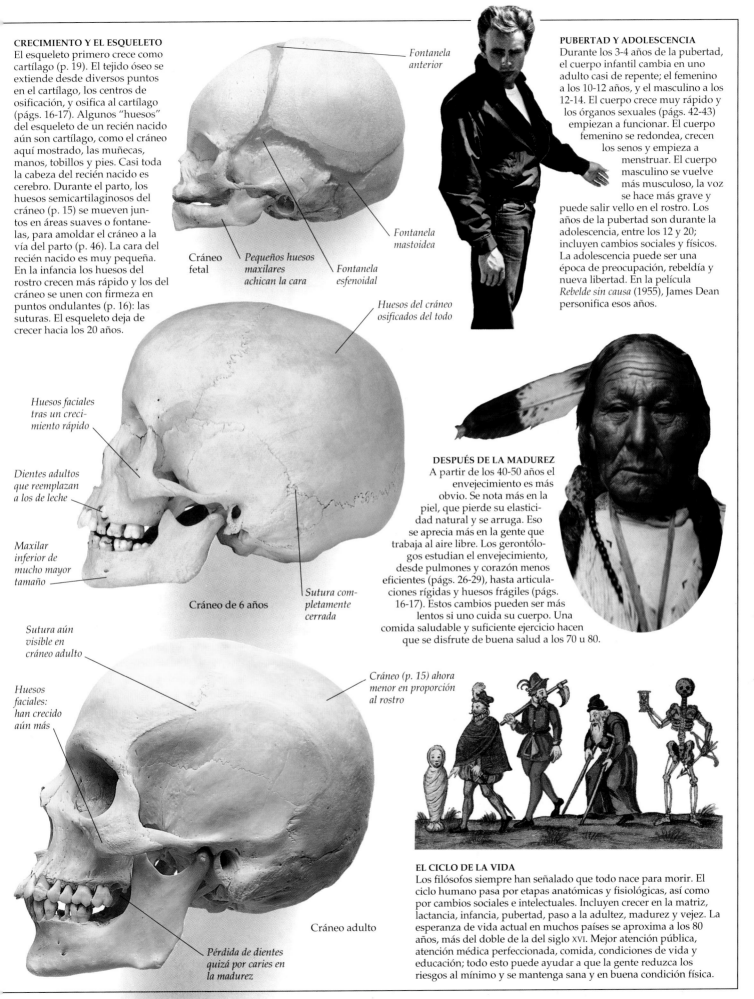

Fontanela anterior

Fontanela mastoidea

Cráneo fetal

Pequeños huesos maxilares achican la cara

Fontanela esfenoidal

Huesos del cráneo osificados del todo

PUBERTAD Y ADOLESCENCIA

Durante los 3-4 años de la pubertad, el cuerpo infantil cambia en uno adulto casi de repente; el femenino a los 10-12 años, y el masculino a los 12-14. El cuerpo crece muy rápido y los órganos sexuales (págs. 42-43) empiezan a funcionar. El cuerpo femenino se redondea, crecen los senos y empieza a menstruar. El cuerpo masculino se vuelve más musculoso, la voz se hace más grave y puede salir vello en el rostro. Los años de la pubertad son durante la adolescencia, entre los 12 y 20; incluyen cambios sociales y físicos. La adolescencia puede ser una época de preocupación, rebeldía y nueva libertad. En la película *Rebelde sin causa* (1955), James Dean personifica esos años.

Huesos faciales tras un crecimiento rápido

Dientes adultos que reemplazan a los de leche

Maxilar inferior de mucho mayor tamaño

Cráneo de 6 años

Sutura completamente cerrada

DESPUÉS DE LA MADUREZ

A partir de los 40-50 años el envejecimiento es más obvio. Se nota más en la piel, que pierde su elasticidad natural y se arruga. Eso se aprecia más en la gente que trabaja al aire libre. Los gerontólogos estudian el envejecimiento, desde pulmones y corazón menos eficientes (págs. 26-29), hasta articulaciones rígidas y huesos frágiles (págs. 16-17). Estos cambios pueden ser más lentos si uno cuida su cuerpo. Una comida saludable y suficiente ejercicio hacen que se disfrute de buena salud a los 70 u 80.

Sutura aún visible en cráneo adulto

Huesos faciales: han crecido aún más

Cráneo (p. 15) ahora menor en proporción al rostro

Cráneo adulto

Pérdida de dientes quizá por caries en la madurez

EL CICLO DE LA VIDA

Los filósofos siempre han señalado que todo nace para morir. El ciclo humano pasa por etapas anatómicas y fisiológicas, así como por cambios sociales e intelectuales. Incluyen crecer en la matriz, lactancia, infancia, pubertad, paso a la adultez, madurez y vejez. La esperanza de vida actual en muchos países se aproxima a los 80 años, más del doble de la del siglo XVI. Mejor atención pública, atención médica perfeccionada, comida, condiciones de vida y educación; todo esto puede ayudar a que la gente reduzca los riesgos al mínimo y se mantenga sana y en buena condición física.

Piel y tacto

A RISTÓTELES, DE LA ANTIGUA GRECIA, enumeró los cinco sentidos: vista, oído, olfato, gusto y tacto. A diferencia de otros órganos sensoriales, la parte del cuerpo que interviene en el tacto no tiene que ver con un solo sentido. Tiene muchas otras funciones. De hecho, es nuestro órgano más grande: la piel. En el adulto, esta cubierta correosa y viva pesa unas 11 libras (5 kg) y tiene un área aproximada de 2.4 yardas^2 (2 m^2). Su capa externa, la epidermis, se renueva sin cesar para restaurar el desgaste natural, y no deja entrar agua, polvo, microbios ni rayos nocivos, como los ultravioleta del sol. Bajo ésta hay una capa más gruesa, la dermis, llena de nervios, vasos sanguíneos y fibras de las proteínas del cuerpo, colágeno y elastina. La dermis también ayuda a regular la temperatura, al sudar (p. 39) y palidecer o ruborizarse. Muchos grandes anatomistas ignoraron la piel. La desdeñaban como algo a eliminarse para estudiar lo que estaba debajo de ella. Como muchas otras partes del cuerpo, el microscopio hizo visibles los fascinantes detalles de la piel.

LECTURA TÁCTIL
El sistema Braille y otros de lectura táctil ayudan a gente de vista limitada. Las yemas de los dedos son muy sensibles y detectan los puntos elevados que representan letras y números. Louis Braille (1809-1852), inventor francés, se quedó ciego a los 3 años y empezó a idear su sistema desde que cumplió los 15.

BAJO LA PIEL
La superficie de la piel está muerta. Consta de células muertas entrelazadas, llenas de la resistente proteína queratina. Se desgastan y son sustituidas por células que suben del interior, como cinta transportadora. Las células se producen por división continua (p. 48) en la base de la epidermis, capa cutánea superior. La dermis, mucho más gruesa, tiene diversos sensores microscópicos responsables del tacto; que es una combinación de presión leve, presión fuerte, calor, frío y dolor. La dermis alberga unos 3 millones de diminutas glándulas sudoríparas (p. 39) y de folículos pilosos, de donde nace el cabello.

Disco de Merkel

Vello

Capa externa: la epidermis

Corpúsculo de Meissner: terminal nerviosa táctil

Capa media: la dermis

Glándulas sebáceas: producen aceite para lubricar la piel

Vasos sanguíneos: irrigan la piel

Corpúsculo de Pacini

Capa interna, la hipodermis: contiene tejido adiposo

Folículo piloso

Glánd. sudorípara

Melanina teñida de negro

Dermis

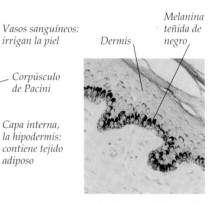

Microfotografía ligera de la piel que muestra presencia de melanina

CABELLO MUERTO
En esta microfotografía sobresalen cabellos de sus folículos cóncavos en la piel. Sólo la base del cabello, donde crece, está viva. El tallo que se ve sobre la superficie, como la piel a su alrededor, está hecho sobre todo de queratina y está totalmente muerto. La cabeza normal tiene unos 100,000 cabellos. Cada cabello crece a un ritmo de 0.04 pulg (1 mm) cada 3 o 4 días. También hay cabello mucho más delgado en el resto del cuerpo. Excepto en las palmas de la mano, los costados de los dedos y las plantas de los pies.

PIELES DE DISTINTO COLOR
Una de las diferencias entre humanos y otros primates es el cabello mucho más pequeño y fino que cubre su cuerpo; de modo que los humanos casi son lisos comparados con monos y simios. Eso nos protege menos contra los rayos ultravioletas del Sol, que pueden dañar la piel y los tejidos internos. La presencia de melanina, pigmento café oscuro hecho por células en la piel, protege los tejidos internos contra los rayos solares. Cuando los humanos fueron a regiones más templadas, se hizo menos importante tener mucho pigmento.

Piel dañada por el sol, por falta de melanina

UÑAS INSENSIBLES
Como la piel y el cabello, las uñas son de queratina compacta. Son equivalentes semitransparentes de las pezuñas y garras de nuestros primos mamíferos. Como están compuestas sólo de queratina muerta son insensibles. Su aparente sentido del tacto se debe a detectores microscópicos en el lecho ungueal abajo de ellas y en la piel en torno al otro lado de la yema del dedo. La uña crece desde la raíz, enterrada en la piel del dedo detrás de la cutícula.

SENSORES CUTÁNEOS
La piel tiene millones de sensores, nombrados en honor de sus descubridores, casi todos microanatomistas italianos y alemanes del siglo XIX. Esta microfotografía muestra un corpúsculo de Pacini, en la hipodermis superior para detectar la presión excesiva, en capas tipo cebolla. Es el sensor más grande; algunos miden más de 0.04 pulg (1 mm) de largo. Otros son los discos de Merkel, los corpúsculos de Meissner para tacto ligero, los de Ruffini, para la presión, y terminaciones nerviosas para dolor, temperatura y tacto.

Área de crecimiento, raíz

Cutícula sobre la raíz de la uña

Lúnula

Lámina de la uña es gruesa hasta el inicio de la lúnula

Lámina de la uña expuesta

Tendón del músculo flexor (págs. 20-21)

Borde de la uña

Piel

Tercera falange (págs. 14-15)

Lecho ungueal

CRECIMIENTO
Una uña crece como 1 mm (0.04 pulg) en 10-15 días. Las uñas de los dedos más largos crecen más rápido que las de los más cortos; lo mismo ocurre con las uñas de la mano que más uses (p. 61). Las uñas del pie crecen 3 o 4 veces más despacio. Si no se cortan, las uñas pueden alcanzar 1 metro o más de largo, aunque puede ser poco práctico.

Brazo

Cabeza

Mano

Tórax

Dedos

Pierna

Pulgar

Pie

Cara

Labios

Dientes

Lengua

Garganta y órganos internos

Hemisferio cerebral (págs. 60-61)

Músculos: flexionan los dedos

Inserción de aponeurosis en el dedo

Aponeurosis palmar

UN HUMANO SENSIBLE
Diferentes áreas de piel tienen distinta cantidad de sensores. Los de tacto ligero, en particular, son numerosos en las yemas. Las señales sensoriales se envían al cerebro, donde sus modelos se analizan para producir el sentido combinado del tacto. Si se dibuja un cuerpo de modo que el área de cada parte de piel represente su nivel de sensibilidad táctil, el resultado es un sensitivo homúnculo ("hombrecito"). Los dedos, labios y lengua están exagerados, mientras se han reducido brazos y piernas.

EL PIE
La piel de la planta del pie es la más gruesa del cuerpo. Al andar descalzo engruesa aún más como reacción al uso y a la fricción, así que la epidermis tiene hasta 0.2 pulg (5 mm) de grosor. Bajo la piel de la planta hay cojinetes adiposos y una intrincada red de fibras conocida como aponeurosis plantar. Esta "suela interna" sostiene el peso del cuerpo al caminar y estar de pie.

LA MANO
La piel de la palma, como la del pie, está reforzada con una red acojinada de fibras, la aponeurosis palmar, que asegura la piel a los huesos. Eso hace que la mano agarre cosas con firmeza y que la piel no resbale sobre los músculos subyacentes. La piel también tiene crestas y una película ligera de sudor, de miles de glándulas sudoríparas, para un agarre sin deslizamiento.

Piel del talón muy gruesa y resistente

Aponeurosis plantar bajo una capa de piel y grasa

Músculos que flexionan los dedos

Tendones: flexionan los dedos hacia arriba

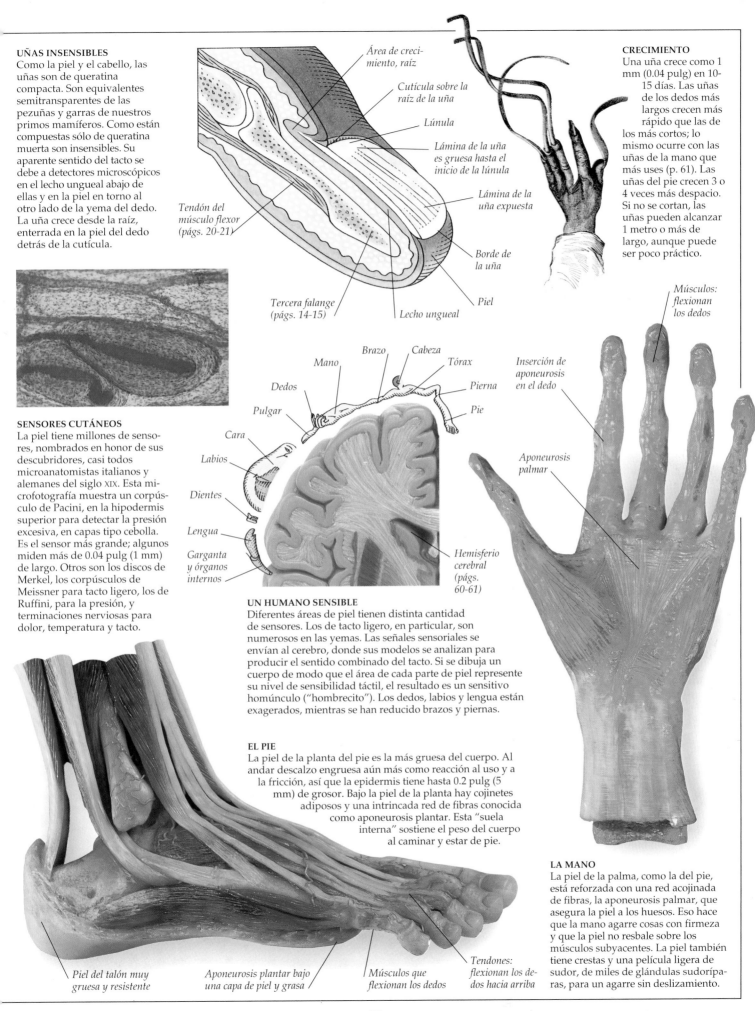

Ojos y visión

EL CUERPO DE HECHO TIENE MÁS de cinco sentidos: vista, oído, olfato, gusto y tacto. Sensores en todo el cuerpo pueden detectar temperaturas, posturas de partes como músculos y articulaciones, y concentraciones de oxígeno, nutrientes y otras sustancias químicas en fluidos corporales. El principal sentido es la vista. Dos tercios de la atención consciente de la mente se absorben por lo que ve el ojo, y dos tercios de la información almacenada en el cerebro llega por la vista; como imágenes, palabras y otros medios visuales. En Alejandría en el siglo I d.C, el anatomista Rufus de Éfeso describió las principales partes del ojo: la abombada córnea al frente, el iris de color, o "arco iris", el cristalino (parece una lenteja) y el humor vítreo o "fluido transparente" del globo ocular. Sólo con el microscopio (págs. 12-13) los anatomistas pudieron ver los millones de bastoncillos y conos de la retina, la capa delgada en el interior del globo. Éstos detectan los rayos de luz, los transforman en señales nerviosas que el nervio óptico manda al cerebro para interpretar como imágenes.

VISTA CRUZADA
Un dibujo árabe de hace 1,000 años muestra los nervios ópticos cruzados. La mitad de las fibras nerviosas del ojo derecho va al lado izquierdo del cerebro y viceversa.

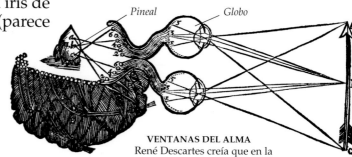

Pineal   *Globo*

VENTANAS DEL ALMA
René Descartes creía que en la glándula pineal, del tamaño de un chícharo en el cerebro (págs. 60-61), estaba el alma. Este dibujo de *Principia Philosophiae* (1644) muestra su errónea teoría de que un "espíritu animal" con información visual pasaba de los ojos por los nervios ópticos huecos, directamente hasta la glándula.

FUERA DEL OJO
La pared del globo ocular tiene tres capas. La externa es la esclerótica, pálida, resistente y visible como lo "blanco" del ojo. En medio está la coroides, oscura y esponjosa, y rica en vasos sanguíneos. La interna es la retina: detecta la luz ("red"). Tejido delgado, con un área de trabajo apenas más grande que la de una uña, detecta una detallada vista del mundo a todo color.

Esclerótica

Coroides

Pupila / *Iris*

Cristalino   *Retina*   *Humor vítreo dentro del globo ocular*

Córnea

Nervio óptico

Coroides

Esclerótica

EL INTERIOR
La córnea transparente frente al ojo está cubierta por una capa ultradelgada, la conjuntiva. Atrás de la córnea está el iris, un anillo de color de músculos en torno a un orificio en su centro, la pupila. El anillo se abre automáticamente en la luz brillante, y así reduce el tamaño de la pupila y protege la retina de posible luz dañina.

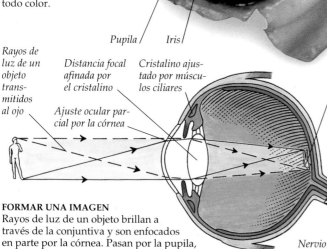

Rayos de luz de un objeto transmitidos al ojo

Distancia focal afinada por el cristalino

Cristalino ajustado por músculos ciliares

Ajuste ocular parcial por la córnea

Imagen invertida se forma al fondo de la retina

FORMAR UNA IMAGEN
Rayos de luz de un objeto brillan a través de la conjuntiva y son enfocados en parte por la córnea. Pasan por la pupila, los enfoca más el cristalino, atraviesan el humor vítreo y forman una imagen en la retina. Por la forma en que trabaja el cristalino, la imagen está invertida y el cerebro la pone "derecha". Los músculos ciliares ajustan el cristalino, engrosándolo para enfocar objetos cercanos con claridad en la retina.

Nervio óptico

Músculo para girar el globo

CELULAS QUE "VEN"
El microscopio muestra que dos tipos de células de la retina captan luz. Los bastones (morado) "ven" sólo en tonos grises, pero reaccionan bien en la luz débil. Los conos (azul) están en la parte posterior de la retina, ven detalles y colores, pero trabajan bien sólo con luz brillante. Hay 120 millones de bastones y 6 o 7 de conos por ojo.

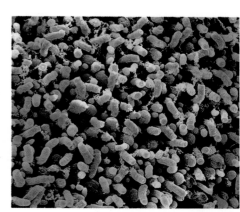

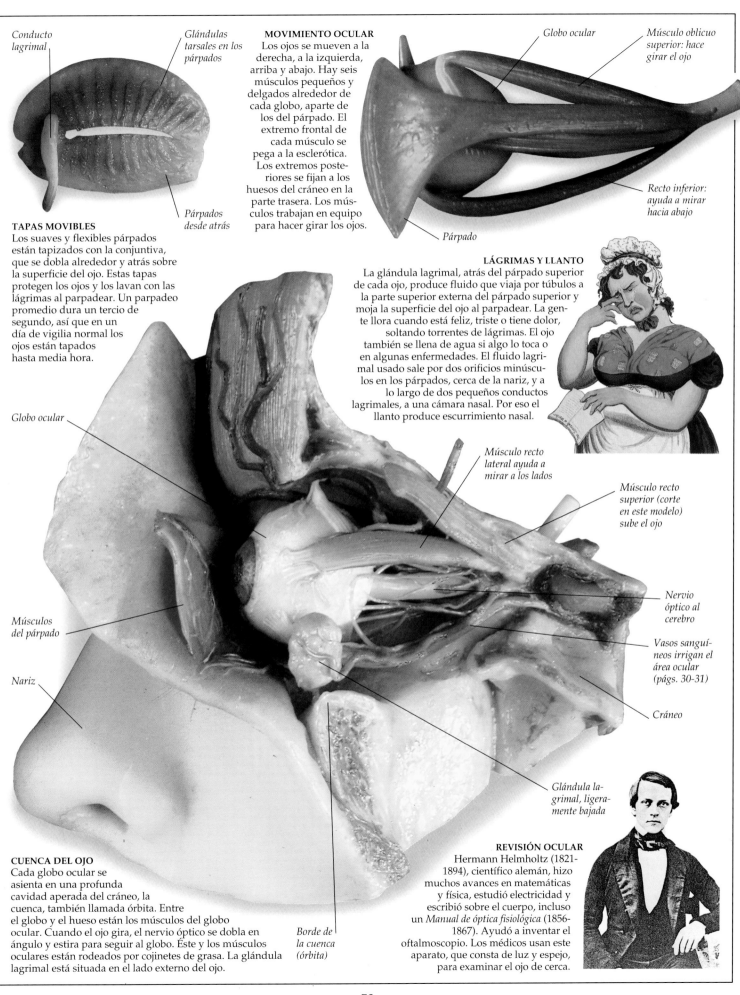

Conducto lagrimal

Glándulas tarsales en los párpados

MOVIMIENTO OCULAR
Los ojos se mueven a la derecha, a la izquierda, arriba y abajo. Hay seis músculos pequeños y delgados alrededor de cada globo, aparte de los del párpado. El extremo frontal de cada músculo se pega a la esclerótica. Los extremos posteriores se fijan a los huesos del cráneo en la parte trasera. Los músculos trabajan en equipo para hacer girar los ojos.

Globo ocular

Músculo oblicuo superior: hace girar el ojo

Párpados desde atrás

Recto inferior: ayuda a mirar hacia abajo

Párpado

TAPAS MOVIBLES
Los suaves y flexibles párpados están tapizados con la conjuntiva, que se dobla alrededor y atrás sobre la superficie del ojo. Estas tapas protegen los ojos y los lavan con las lágrimas al parpadear. Un parpadeo promedio dura un tercio de segundo, así que en un día de vigilia normal los ojos están tapados hasta media hora.

LÁGRIMAS Y LLANTO
La glándula lagrimal, atrás del párpado superior de cada ojo, produce fluido que viaja por túbulos a la parte superior externa del párpado superior y moja la superficie del ojo al parpadear. La gente llora cuando está feliz, triste o tiene dolor, soltando torrentes de lágrimas. El ojo también se llena de agua si algo lo toca o en algunas enfermedades. El fluido lagrimal usado sale por dos orificios minúsculos en los párpados, cerca de la nariz, y a lo largo de dos pequeños conductos lagrimales, a una cámara nasal. Por eso el llanto produce escurrimiento nasal.

Globo ocular

Músculo recto lateral ayuda a mirar a los lados

Músculo recto superior (corte en este modelo) sube el ojo

Músculos del párpado

Nervio óptico al cerebro

Vasos sanguíneos irrigan el área ocular (págs. 30-31)

Nariz

Cráneo

CUENCA DEL OJO
Cada globo ocular se asienta en una profunda cavidad aperada del cráneo, la cuenca, también llamada órbita. Entre el globo y el hueso están los músculos del globo ocular. Cuando el ojo gira, el nervio óptico se dobla en ángulo y estira para seguir al globo. Éste y los músculos oculares están rodeados por cojinetes de grasa. La glándula lagrimal está situada en el lado externo del ojo.

Borde de la cuenca (órbita)

Glándula lagrimal, ligeramente bajada

REVISIÓN OCULAR
Hermann Helmholtz (1821-1894), científico alemán, hizo muchos avances en matemáticas y física, estudió electricidad y escribió sobre el cuerpo, incluso un *Manual de óptica fisiológica* (1856-1867). Ayudó a inventar el oftalmoscopio. Los médicos usan este aparato, que consta de luz y espejo, para examinar el ojo de cerca.

Oídos y audición

DESPUÉS DE LA VISTA, EL OÍDO ES EL que proporciona al cerebro la mayoría de la información sobre el mundo externo. Comparado con el de otros animales, el oído humano registra una escala bastante amplia de sonidos. Éstos varían en volumen, desde las delicadas notas de una flauta hasta los acordes ensordecedores de una guitarra eléctrica. Varían en tono, del estruendo de un motor de reacción al gorjeo de un pájaro. El oído no figura mucho en escritos antiguos, como los de Galeno y Aristóteles. Los egipcios sabían que los oídos oían, pero también creían que intervenían en la respiración. El estudio científico de la audición empezó en serio en el siglo XVI. El *Examen del órgano del oído*, publicado en 1562, quizá fue la primera obra importante dedicada al oído; escrita por Bartolomeo Eustaquio (1520-1574). Su nombre perdura en la trompa de Eustaquio, que une la cavidad llena de aire del oído medio con la parte posterior de la garganta.

OPACADO POR VESALIO
Eustaquio estudió como catedrático en Roma, más o menos al mismo tiempo en que Andrés Vesalio revolucionaba la anatomía en Padua. Su libro sobre el oído abarca varias partes que ya se conocían, incluso la trompa nombrada en su honor. Eso lo había descrito casi 2,000 años antes un médico de Grecia, Alcmeón de Crotona.

INTERIOR DEL OÍDO
Antonio Valsalva (1666-1723), mini y microanatomista italiano, actualizó y amplió la obra de Eustaquio con la suya: *Del oído humano,* en 1704. Fue el primero en reconocer las tres partes principales del oído. El oído externo consta de pabellón y conducto auditivo. El oído medio tiene el tímpano y tres huesecillos. El oído interno tiene la cóclea, en forma de caracol, conductos semicirculares y otras cámaras llenas de fluido.

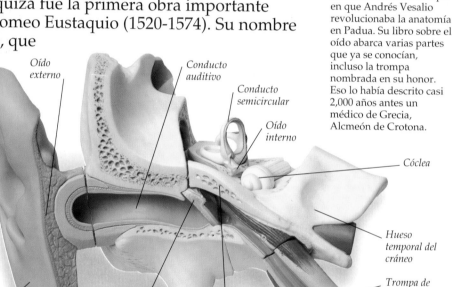

Oído externo

Conducto auditivo

Conducto semicircular

Oído interno

Cóclea

Hueso temporal del cráneo

Trompa de Eustaquio: va a la garganta

Pabellón de la oreja

Tímpano

Oído medio

Martillo

EL TÍMPANO
Esta membrana tirante, como piel estirada, es un poco más pequeña que la uña de un meñique. Divide el oído externo y el oído medio. Puede verse directamente o fotografiarse colocando un aparato médico, el otoscopio, en el conducto auditivo. A través del tímpano hay una vista del primero de los tres huesecillos, el martillo. El "mango" del martillo está unido en forma transversal a la mitad del tímpano.

Ventana oval: vibra

Fluido en la cóclea: vibra

Células pilosas en el órgano de Corti: recogen vibraciones

Nervios: envían mensajes al cerebro

Nervio vestibular

Huesecillos: se agitan

Nervio coclear

Ondas sonoras: entran al conducto auditivo

Tímpano: vibra

Ventana redonda: absorbe la vibración excesiva en el fluido

Trompa de Eustaquio

AUDICIÓN
Ondas sonoras que viajan por el aire se dirigen al conducto auditivo y golpean el tímpano haciéndolo vibrar de un lado a otro. Esas vibraciones pasan por los tres huesecillos unidos por articulaciones diminutas (págs. 18-19), que se agitan a su vez. El tercer huesecillo transfiere la vibración por la ventana oval hacia el fluido de la cóclea. Partes de la membrana coclear, en el órgano espiral de Corti, se agitan en armonía con las vibraciones. Eso atrae microscópicos vellos de las células de la membrana, que generan señales nerviosas que se precipitan por el nervio coclear al cerebro.

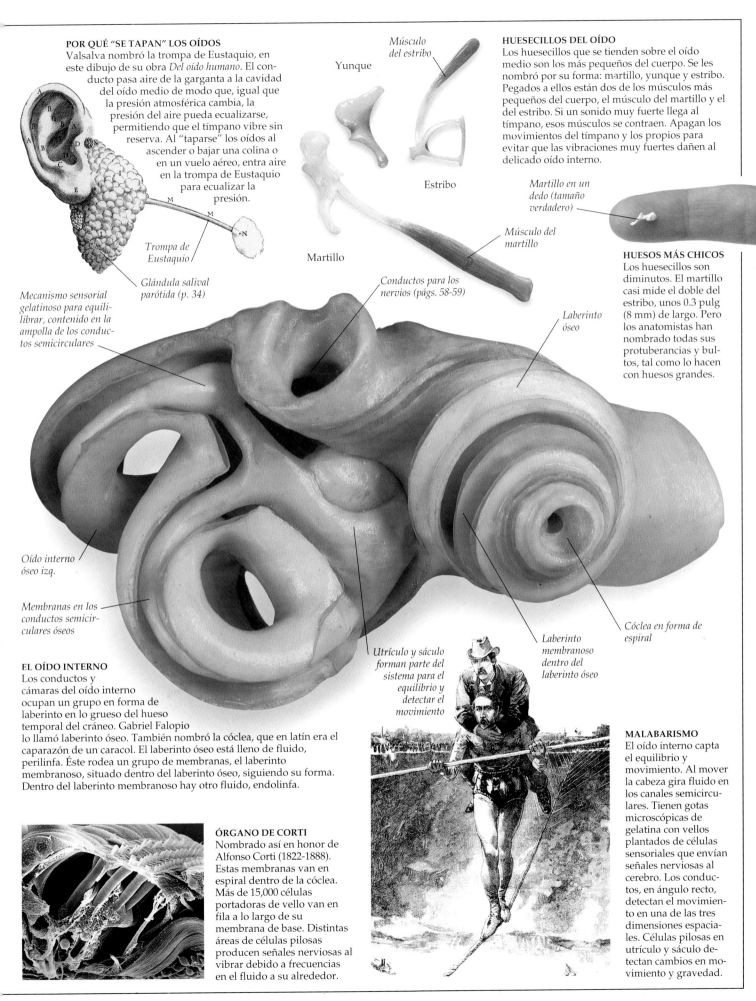

POR QUÉ "SE TAPAN" LOS OÍDOS

Valsalva nombró la trompa de Eustaquio, en este dibujo de su obra *Del oído humano*. El conducto pasa aire de la garganta a la cavidad del oído medio de modo que, igual que la presión atmosférica cambia, la presión del aire pueda ecualizarse, permitiendo que el tímpano vibre sin reserva. Al "taparse" los oídos al ascender o bajar una colina o en un vuelo aéreo, entra aire en la trompa de Eustaquio para ecualizar la presión.

Trompa de Eustaquio

Glándula salival parótida (p. 34)

Músculo del estribo

Yunque

HUESECILLOS DEL OÍDO

Los huesecillos que se tienden sobre el oído medio son los más pequeños del cuerpo. Se les nombró por su forma: martillo, yunque y estribo. Pegados a ellos están dos de los músculos más pequeños del cuerpo, el músculo del martillo y el del estribo. Si un sonido muy fuerte llega al tímpano, esos músculos se contraen. Apagan los movimientos del tímpano y los propios para evitar que las vibraciones muy fuertes dañen al delicado oído interno.

Estribo

Martillo

Martillo en un dedo (tamaño verdadero)

Músculo del martillo

HUESOS MÁS CHICOS

Los huesecillos son diminutos. El martillo casi mide el doble del estribo, unos 0.3 pulg (8 mm) de largo. Pero los anatomistas han nombrado todas sus protuberancias y bultos, tal como lo hacen con huesos grandes.

Mecanismo sensorial gelatinoso para equilibrar, contenido en la ampolla de los conductos semicirculares

Conductos para los nervios (págs. 58-59)

Laberinto óseo

Oído interno óseo izq.

Membranas en los conductos semicirculares óseos

Utrículo y sáculo forman parte del sistema para el equilibrio y detectar el movimiento

Laberinto membranoso dentro del laberinto óseo

Cóclea en forma de espiral

EL OÍDO INTERNO

Los conductos y cámaras del oído interno ocupan un grupo en forma de laberinto en lo grueso del hueso temporal del cráneo. Gabriel Falopio lo llamó laberinto óseo. También nombró la cóclea, que en latín era el caparazón de un caracol. El laberinto óseo está lleno de fluido, perilinfa. Éste rodea un grupo de membranas, el laberinto membranoso, situado dentro del laberinto óseo, siguiendo su forma. Dentro del laberinto membranoso hay otro fluido, endolinfa.

ÓRGANO DE CORTI

Nombrado así en honor de Alfonso Corti (1822-1888). Estas membranas van en espiral dentro de la cóclea. Más de 15,000 células portadoras de vello van en fila a lo largo de su membrana de base. Distintas áreas de células pilosas producen señales nerviosas al vibrar debido a frecuencias en el fluido a su alrededor.

MALABARISMO

El oído interno capta el equilibrio y movimiento. Al mover la cabeza gira fluido en los canales semicirculares. Tienen gotas microscópicas de gelatina con vellos plantados de células sensoriales que envían señales nerviosas al cerebro. Los conductos, en ángulo recto, detectan el movimiento en una de las tres dimensiones espaciales. Células pilosas en utrículo y sáculo detectan cambios en movimiento y gravedad.

Olfato y gusto

IGUAL QUE OTROS MAMÍFEROS, el hombre tiene gusto y olfato para revisar qué nutrientes entran al aparato digestivo. Alimentos y bebidas desconocidas, putrefactas o venenosas producen olores fétidos y sabores acres, que previenen para no ingerirlos. El olfato es otro sistema de alarma inmediata para aire envenenado, humo y otros riesgos. Estos sentidos suelen ser fuente de placer y de advertencia. El olfato capta los aromas de hierbas, especias; y el gusto, los sabores de un buen alimento. A ambos se les conoce como los quimiosentidos. La nariz y la lengua detectan moléculas de ciertas sustancias químicas, ya sean moléculas odoríferas que flotan en el aire o gustativas en bebidas y alimentos. La presencia de sustancias químicas activa sensores en células microscópicas del paladar o la lengua. Las células producen señales nerviosas que van al cerebro para que los centros del gusto y el olfato las analicen. Al comer o beber, ambos sentidos trabajan en forma muy estrecha para producir las impresiones sensoriales de lo ingerido o lo bebido.

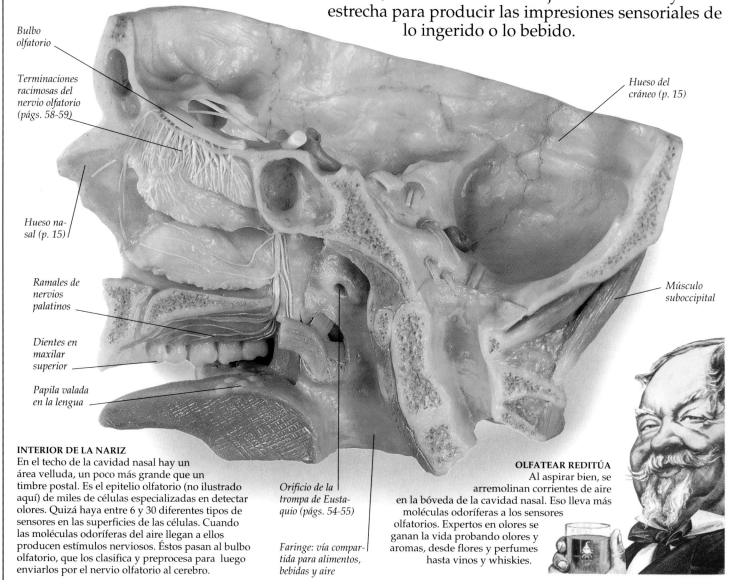

Bulbo olfatorio

Terminaciones racimosas del nervio olfatorio (págs. 58-59)

Hueso nasal (p. 15)

Ramales de nervios palatinos

Dientes en maxilar superior

Papila valada en la lengua

Hueso del cráneo (p. 15)

Músculo suboccipital

INTERIOR DE LA NARIZ
En el techo de la cavidad nasal hay un área velluda, un poco más grande que un timbre postal. Es el epitelio olfatorio (no ilustrado aquí) de miles de células especializadas en detectar olores. Quizá haya entre 6 y 30 diferentes tipos de sensores en las superficies de las células. Cuando las moléculas odoríferas del aire llegan a ellos producen estímulos nerviosos. Éstos pasan al bulbo olfatorio, que los clasifica y preprocesa para luego enviarlos por el nervio olfatorio al cerebro.

Orificio de la trompa de Eustaquio (págs. 54-55)

Faringe: vía compartida para alimentos, bebidas y aire

OLFATEAR REDITÚA
Al aspirar bien, se arremolinan corrientes de aire en la bóveda de la cavidad nasal. Eso lleva más moléculas odoríferas a los sensores olfatorios. Expertos en olores se ganan la vida probando olores y aromas, desde flores y perfumes hasta vinos y whiskies.

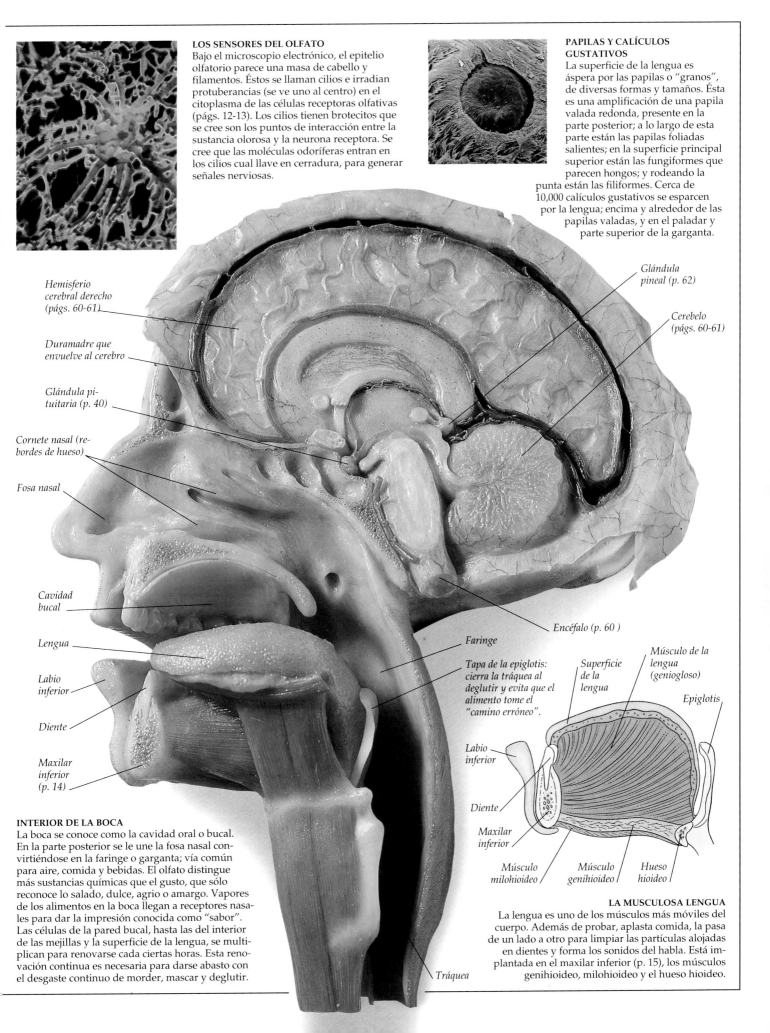

LOS SENSORES DEL OLFATO
Bajo el microscopio electrónico, el epitelio olfatorio parece una masa de cabello y filamentos. Éstos se llaman cilios e irradian protuberancias (se ve uno al centro) en el citoplasma de las células receptoras olfativas (págs. 12-13). Los cilios tienen brotecitos que se cree son los puntos de interacción entre la sustancia olorosa y la neurona receptora. Se cree que las moléculas odoríferas entran en los cilios cual llave en cerradura, para generar señales nerviosas.

PAPILAS Y CALÍCULOS GUSTATIVOS
La superficie de la lengua es áspera por las papilas o "granos", de diversas formas y tamaños. Ésta es una amplificación de una papila valada redonda, presente en la parte posterior; a lo largo de esta parte están las papilas foliadas salientes; en la superficie principal superior están las fungiformes que parecen hongos; y rodeando la punta están las filiformes. Cerca de 10,000 calículos gustativos se esparcen por la lengua; encima y alrededor de las papilas valadas, y en el paladar y parte superior de la garganta.

Hemisferio cerebral derecho (págs. 60-61)

Duramadre que envuelve al cerebro

Glándula pituitaria (p. 40)

Cornete nasal (re- bordes de hueso)

Fosa nasal

Cavidad bucal

Lengua

Labio inferior

Diente

Maxilar inferior (p. 14)

Glándula pineal (p. 62)

Cerebelo (págs. 60-61)

Encéfalo (p. 60)

Faringe

Tapa de la epiglotis: cierra la tráquea al deglutir y evita que el alimento tome el "camino erróneo".

Superficie de la lengua

Músculo de la lengua (geniogloso)

Epiglotis

Labio inferior

Diente

Maxilar inferior

Músculo milohioideo

Músculo genihioideo

Hueso hioideo

INTERIOR DE LA BOCA
La boca se conoce como la cavidad oral o bucal. En la parte posterior se le une la fosa nasal convirtiéndose en la faringe o garganta; vía común para aire, comida y bebidas. El olfato distingue más sustancias químicas que el gusto, que sólo reconoce lo salado, dulce, agrio o amargo. Vapores de los alimentos en la boca llegan a receptores nasales para dar la impresión conocida como "sabor". Las células de la pared bucal, hasta las del interior de las mejillas y la superficie de la lengua, se multiplican para renovarse cada ciertas horas. Esta renovación continua es necesaria para darse abasto con el desgaste continuo de morder, mascar y deglutir.

Tráquea

LA MUSCULOSA LENGUA
La lengua es uno de los músculos más móviles del cuerpo. Además de probar, aplasta comida, la pasa de un lado a otro para limpiar las partículas alojadas en dientes y forma los sonidos del habla. Está implantada en el maxilar inferior (p. 15), los músculos genihioideo, milohioideo y el hueso hioideo.

El sistema nervioso

SIN SU SISTEMA TELEFÓNICO de cables serpenteando por la tierra y extendiéndose por pueblos y ciudades, un país moderno se paralizaría pronto. Al cuerpo le pasaría lo mismo sin su sistema nervioso, los nervios son su sistema de comunicación. Llevan y traen mensajes, informan y coordinan. Igual que las señales telefónicas, las nerviosas son eléctricas; pero sólo tienen como la vigésima parte de un voltio de potencia. Herófilo, de Alejandría, fue el primero en advertir que a los nervios les atañen las sensaciones y movimientos, alrededor del año 300 a.C. Galeno, anatomista romano, reconoció que los nervios controlan y coordinan, pero creía que eran huecos y que algún tipo de fluido de un "espíritu animal" místico circulaba por ellos. Sus teorías erróneas influenciaron la ciencia y detuvieron el progreso por otros 15 siglos. Vesalio hizo un mapa del sistema nervioso, mas no con su habitual meticulosidad. Sin embargo, sí demostró que pellizcar la terminación de un nervio expuesto hacía brincar al músculo contiguo. Descubrir la naturaleza eléctrica de las señales nerviosas a fines del siglo XVIII, aclaró el funcionamiento del sistema nervioso.

SEÑAL DE ADVERTENCIA
Terminaciones nerviosas microscópicas están presentes en la piel y en muchos órganos internos. Registran malestar y dolor, desde una fractura hasta una extracción o dolor de mulas. El dolor avisa que algo está mal, y deben tomarse medidas para cuidar el cuerpo.

"ELECTRICIDAD ANIMAL"
Luigi Galvani (1737-1798), anatomista bolonés, notó que una pierna de rana extendida se contraía al hacer contacto metálico entre sus nervios y su músculo. Creía que los nervios tenían "electricidad animal". Alessandro Volta (1745-1827), físico y rival, demostró la naturaleza eléctrica de la señal nerviosa.

EL SISTEMA NERVIOSO
Unos 30,000 millas (50,000 km) de nervios serpentean por el cuerpo. El cerebro y la médula espinal forman el sistema nervioso central, el resto de la red corporal se llama sistema nervioso periférico. El segundo tiene dos tipos de nervios: sensitivos y motrices. Los nervios sensitivos llevan mensajes al cerebro desde ojos, oídos, piel y otros órganos sensoriales. Los nervios motrices transmiten señales del cerebro a los músculos, haciendo que el cuerpo se mueva.

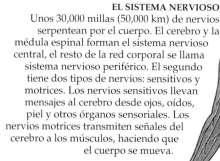

Cerebro

Médula espinal

Nervios periféricos en brazo

Nervios intercostales a las costillas

Nervios periféricos en piernas

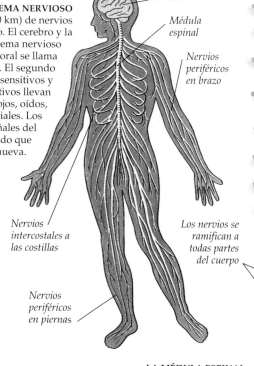

Médula espinal continua hasta el encéfalo (págs. 60-61)

Los nervios se ramifican a todas partes del cuerpo

PERROS ENTRENADOS DE PAVLOV
Un reflejo es una reacción automática hecha por una señal nerviosa. Un ejemplo es cuando perros salivan o babean en forma natural al ver y oler un alimento. Al hacer experimentos sobre el aparato digestivo, Iván Pavlov (1849-1936), científico ruso, notó que los perros salivaban al ver a su entrenador, incluso sin comida. Los entrenó para que relacionaran la comida con el tañido de una campana. Tras un tiempo, babeaban al oír la campana sola. Esta acción automática "reprogramada" es un reflejo condicionado.

LA MÉDULA ESPINAL
La médula espinal es, en efecto, una extensión descendente del cerebro. Está bien protegida contra golpes, torceduras y presión, dentro del largo túnel formado por los orificios a través de las vértebras (págs. 14-15). De sus 16 pulg (40 cm) de longitud crecen 31 pares de nervios, cada uno llevando y trayendo señales a cierta parte de ambos lados del cuerpo.

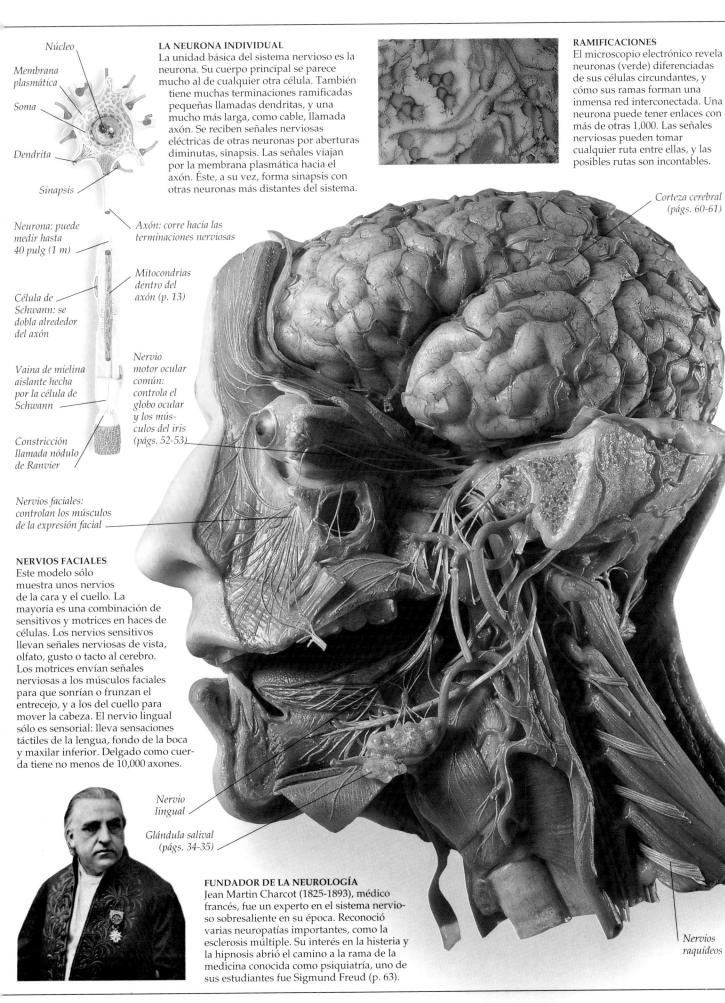

LA NEURONA INDIVIDUAL

La unidad básica del sistema nervioso es la neurona. Su cuerpo principal se parece mucho al de cualquier otra célula. También tiene muchas terminaciones ramificadas pequeñas llamadas dendritas, y una mucho más larga, como cable, llamada axón. Se reciben señales nerviosas eléctricas de otras neuronas por aberturas diminutas, sinapsis. Las señales viajan por la membrana plasmática hacia el axón. Éste, a su vez, forma sinapsis con otras neuronas más distantes del sistema.

Núcleo

Membrana plasmática

Soma

Dendrita

Sinapsis

Neurona: puede medir hasta 40 pulg (1 m)

Axón: corre hacia las terminaciones nerviosas

Célula de Schwann: se dobla alrededor del axón

Mitocondrias dentro del axón (p. 13)

Vaina de mielina aislante hecha por la célula de Schwann

Nervio motor ocular común: controla el globo ocular y los músculos del iris (págs. 52-53)

Constricción llamada nódulo de Ranvier

Nervios faciales: controlan los músculos de la expresión facial

RAMIFICACIONES

El microscopio electrónico revela neuronas (verde) diferenciadas de sus células circundantes, y cómo sus ramas forman una inmensa red interconectada. Una neurona puede tener enlaces con más de otras 1,000. Las señales nerviosas pueden tomar cualquier ruta entre ellas, y las posibles rutas son incontables.

Corteza cerebral (págs. 60-61)

NERVIOS FACIALES

Este modelo sólo muestra unos nervios de la cara y el cuello. La mayoría es una combinación de sensitivos y motrices en haces de células. Los nervios sensitivos llevan señales nerviosas de vista, olfato, gusto o tacto al cerebro. Los motrices envían señales nerviosas a los músculos faciales para que sonrían o frunzan el entrecejo, y a los del cuello para mover la cabeza. El nervio lingual sólo es sensorial: lleva sensaciones táctiles de la lengua, fondo de la boca y maxilar inferior. Delgado como cuerda tiene no menos de 10,000 axones.

Nervio lingual

Glándula salival (págs. 34-35)

Nervios raquídeos

FUNDADOR DE LA NEUROLOGÍA

Jean Martin Charcot (1825-1893), médico francés, fue un experto en el sistema nervioso sobresaliente en su época. Reconoció varias neuropatías importantes, como la esclerosis múltiple. Su interés en la histeria y la hipnosis abrió el camino a la rama de la medicina conocida como psiquiatría, uno de sus estudiantes fue Sigmund Freud (p. 63).

El cerebro

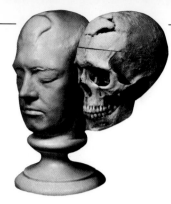

CUANDO LOS GUERREROS COMÍAN EL CEREBRO de sus admirados ene-
migos para adquirir su astucia y sabiduría, identificaban el órgano
correcto. Desde la época de Platón e Hipócrates se ha visto al cerebro
como la sede de la inteligencia y el alma. Aristóteles discrepó: él creía
que la casa del alma era el corazón. Sus estudios con animales demos-
traron correctamente que el cerebro vivo, a diferencia de la piel y otros
órganos, no siente nada; concluyó que no podía ser el sitio de la
conciencia. Herófilo, de Alejandría, alrededor del año 300 a.C., hizo
algunos de los primeros estudios registrados sobre el cerebro humano.
Identificó sus principales partes, como el cerebro y cerebelo. Volvió a
darle prominencia como la sede del pensamiento y la inteligencia. Su
anatomía más importante se afirmó en el Renacimiento y su estructura
microscópica básica en el siglo XX. Lo maravi-
lloso del cerebro es cómo 100 mil millones
de neuronas se conectan mediante in-
calculables trillones de conexiones.

ORIFICIO EN LA CABEZA
Phineas Gage era capataz de una
cuadrilla de pedreros en Estados
Unidos. En 1848 una explosión hizo
que una varilla atravesara su
mejilla, subiera por el lóbulo frontal
izquierdo y saliera por el cráneo.
Vivió, la herida sanó, pero su
personalidad cambió de contento y
considerado a terco, triste y
malhablado. Fue prueba viviente de
que el frente del cerebro interviene
en aspectos de la personalidad.

EL CEREBRO VISTO DESDE ABAJO
Sus tres partes principales son el cerebro, el cerebelo y el encéfalo. El cerebro humano se divide
en dos hemisferios, que forman nueve décimos
del volumen del encéfalo. El cerebro sólo pesa
una cincuentava parte del peso corporal,
pero recibe una quinta parte del riego
sanguíneo (págs. 30-33). Las arterias al
cerebro forman un anillo llamado polígono
de Willis, que puede ser una derivación en
caso de que un vaso se obstruya.

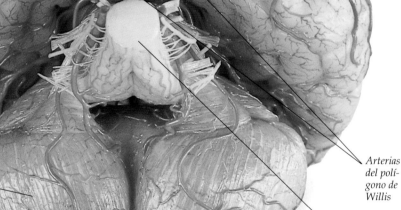

Frente del cerebro

Lóbulo frontal
del hemisferio
izquierdo

Bulbo olfatorio
(págs. 56-57)

Nervio
óptico: se
une aquí
(págs.
52-53)

Arteria
carótida
interna

Arterias
del polí-
gono de
Willis

El encéfalo con-
trola la respiración,
el ritmo cardíaco y
la digestión

Mitad derecha
del cerebelo

Mitad izq.
del cerebelo

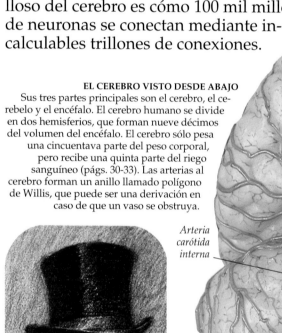

SITIO DEL HABLA
Pierre Paul Broca (1824-1880) cirujano, anatomista y antropólogo, se tituló en medicina, se convirtió en catedrático de cirugía en París y también se
interesó en las matemáticas superiores. Descubrió que
una zona pequeña de la capa externa del cerebro es res-
ponsable de coordinar los músculos de la glotis y el cuello
que producen el habla. Ésta ahora se llama zona de Broca o
centro motor del habla. Broca también estudió tipos de cán-
cer y creó instrumentos para medir cerebros y cráneos.

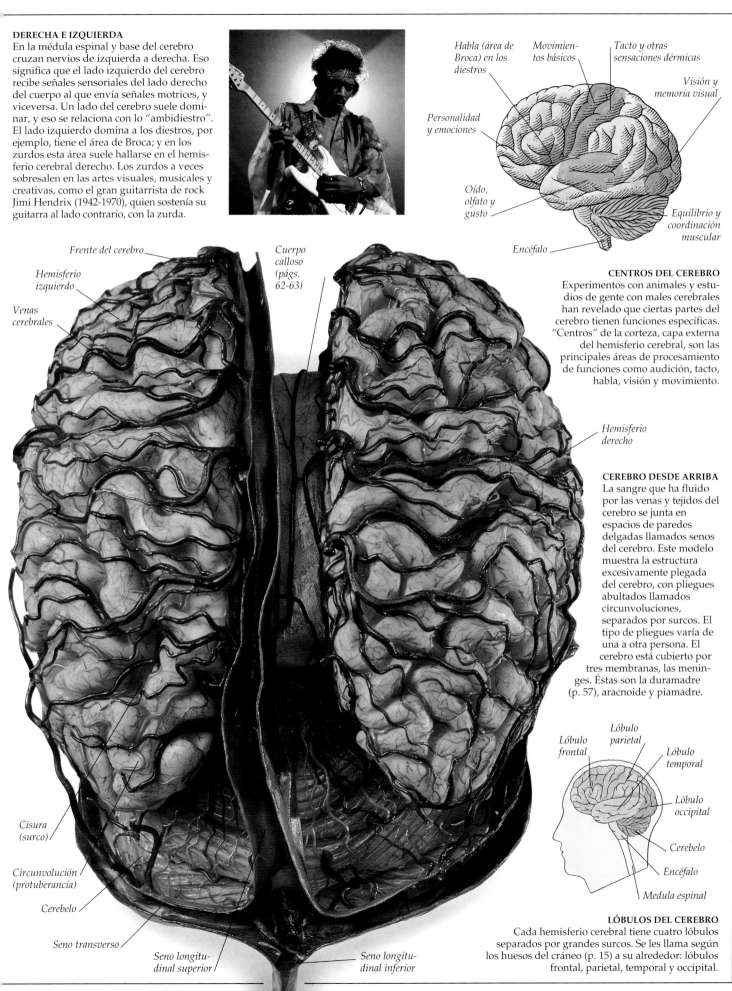

DERECHA E IZQUIERDA
En la médula espinal y base del cerebro cruzan nervios de izquierda a derecha. Eso significa que el lado izquierdo del cerebro recibe señales sensoriales del lado derecho del cuerpo al que envía señales motrices, y viceversa. Un lado del cerebro suele dominar, y eso se relaciona con lo "ambidiestro". El lado izquierdo domina a los diestros, por ejemplo, tiene el área de Broca; y en los zurdos esta área suele hallarse en el hemisferio cerebral derecho. Los zurdos a veces sobresalen en las artes visuales, musicales y creativas, como el gran guitarrista de rock Jimi Hendrix (1942-1970), quien sostenía su guitarra al lado contrario, con la zurda.

Habla (área de Broca) en los diestros

Movimientos básicos

Tacto y otras sensaciones dérmicas

Visión y memoria visual

Personalidad y emociones

Oído, olfato y gusto

Equilibrio y coordinación muscular

Encéfalo

CENTROS DEL CEREBRO
Experimentos con animales y estudios de gente con males cerebrales han revelado que ciertas partes del cerebro tienen funciones específicas. "Centros" de la corteza, capa externa del hemisferio cerebral, son las principales áreas de procesamiento de funciones como audición, tacto, habla, visión y movimiento.

Frente del cerebro

Hemisferio izquierdo

Venas cerebrales

Cuerpo calloso (págs. 62-63)

Hemisferio derecho

CEREBRO DESDE ARRIBA
La sangre que ha fluido por las venas y tejidos del cerebro se junta en espacios de paredes delgadas llamados senos del cerebro. Este modelo muestra la estructura excesivamente plegada del cerebro, con pliegues abultados llamados circunvoluciones, separados por surcos. El tipo de pliegues varía de una a otra persona. El cerebro está cubierto por tres membranas, las meninges. Éstas son la duramadre (p. 57), aracnoide y piamadre.

Cisura (surco)

Circunvolución (protuberancia)

Cerebelo

Seno transverso

Seno longitudinal superior

Seno longitudinal inferior

Lóbulo frontal

Lóbulo parietal

Lóbulo temporal

Lóbulo occipital

Cerebelo

Encéfalo

Medula espinal

LÓBULOS DEL CEREBRO
Cada hemisferio cerebral tiene cuatro lóbulos separados por grandes surcos. Se les llama según los huesos del cráneo (p. 15) a su alrededor: lóbulos frontal, parietal, temporal y occipital.

Interior del cerebro

ESTE LIBRO EMPEZÓ COMPARANDO AL CUERPO HUMANO con los mamíferos, hallándolo similar; salvo el cerebro. La investigación reciente parece confirmar que en este órgano residen los secretos de la conciencia, pensamiento, raciocinio, inteligencia, memoria, lenguaje y otros aspectos de nuestra inimitable "humanidad". René Descartes (1596-1650), importante filósofo francés y matemático, propuso una teoría del universo como un gigantesco reloj de partículas diminutas de "materia" moviéndose según principios mecánicos. Pero señaló que el ser humano es una combinación de dos tipos de sustancias: cuerpo (materia) y mente, una sustancia pensante. El cuerpo existía y podía medirse; la mente era distinta. Creía, sentía y tenía voluntad. El vínculo entre ambos era la glándula pineal, en el fondo del cerebro. A través de ésta, decía Descartes, la mente influía en partes del cerebro. Los efectos viajaban por los ventrículos llenos de líquido y los nervios para producir movimientos musculares. Desde los tiempos de Descartes, la relación entre cuerpo y mente ha sido una fuente interminable de análisis y fascinación para filósofos y científicos por igual.

¿INTELIGENCIA LÍQUIDA?
Galeno acertó al afirmar que las habilidades del cerebro podían atribuirse a las diversas regiones de sus partes sólidas. Durante siglos la opinión dominante dio más importancia al líquido cefalorraquídeo en los ventrículos del cerebro, o cámaras internas. Este esquema del siglo XVII une cada cámara o "celda" con una cualidad mental, como la imaginación o interpretación sensorial.

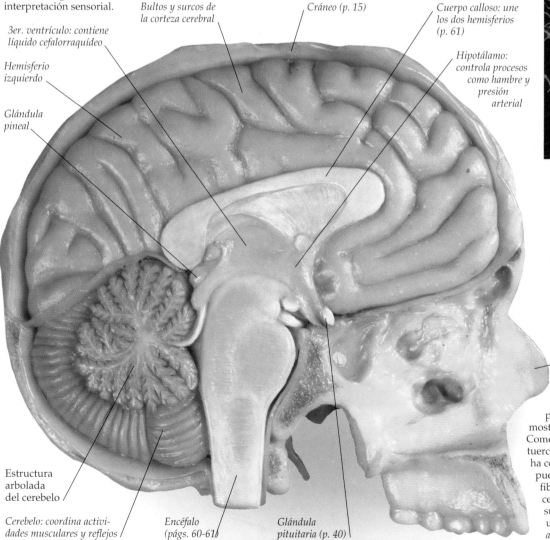

Bultos y surcos de la corteza cerebral

Cráneo (p. 15)

Cuerpo calloso: une los dos hemisferios (p. 61)

Hipotálamo: controla procesos como hambre y presión arterial

3er. ventrículo: contiene líquido cefalorraquídeo

Hemisferio izquierdo

Glándula pineal

Hueso nasal (p. 15)

Estructura arbolada del cerebelo

Cerebelo: coordina actividades musculares y reflejos

Encéfalo (págs. 60-61)

Glándula pituitaria (p. 40)

LABERINTO DE SEÑALES
El tejido cerebral está formado por miles de millones de neuronas, cada una con miles de conexiones sinápticas (p. 59) y células que les dan servicios mecánicos y metabólicos. Esta microfotografía muestra cinco astrocitos, células de apoyo en la "materia gris". Según investigaciones, estas células pueden influir para cambiar las conexiones neuronales de acuerdo con los estímulos externos, lo que podría ser la base de la memoria.

MIRADA AL INTERIOR
En este modelo la cabeza se cortó por el centro, entre los ojos, mostrando un tajo central del cerebro. Como el lado interno del hemisferio se tuerce bajando a la línea media, no se ha cortado; el cuerpo calloso sí. Este puente de más de 100 millones de fibras nerviosas une ambos lados del cerebro (p. 61). El cerebelo muestra su estructura plegada que produce una estructura arbolada llamada *arbor vitae* o "árbol de la vida".

SUEÑO PROFUNDO
Henri Rousseau (1844-1910), pintor francés, mostró rasgos irreales, oníricos y hasta cómicos en muchas de sus obras, como *La gitana dormida*. Una mezcla de figuras reconocibles en situaciones raras, a menudo del pasado más reciente, ocurre en los sueños de mucha gente. Una explicación es que al soñar el cerebro repite hechos recientes. Almacena los "importantes" en bancos de memoria y descarta otros, incluso si su significado no es obvio para el que sueña. Parece que los sueños ocurren en un profundo nivel primitivo y los han llamado la 'puerta del inconsciente'.

REFLEXIÓN
Auguste Rodin (p. 6) esculpió un hombre abstraído en *El Pensador*. Según investigaciones recientes, el conocimiento consciente de nuestro medio se basa en gran medida en la vista (págs. 52-53). Si los humanos quieren concentrarse en pensar "fijan la vista en el vacío", casi sin ver, así los procesos mentales internos saltan al primer plano. Este fenómeno es casi exclusivo de los seres humanos.

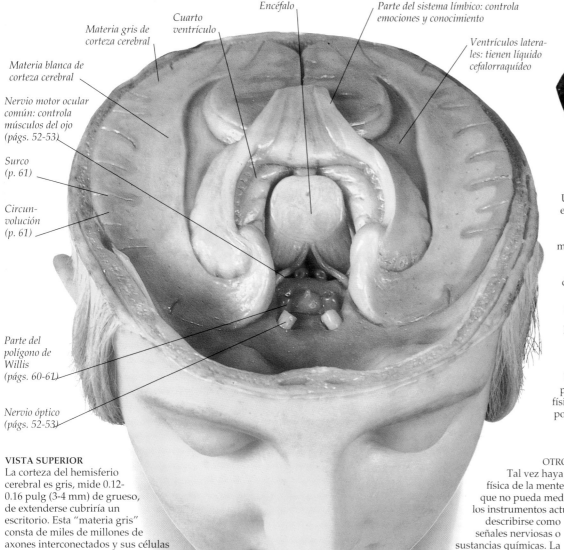

Encéfalo

Cuarto ventrículo

Parte del sistema límbico: controla emociones y conocimiento

Materia gris de corteza cerebral

Ventrículos laterales: tienen líquido cefalorraquídeo

Materia blanca de corteza cerebral

Nervio motor ocular común: controla músculos del ojo (págs. 52-53)

Surco (p. 61)

Circunvolución (p. 61)

Parte del polígono de Willis (págs. 60-61)

Nervio óptico (págs. 52-53)

CUESTIONES DE LA MENTE
Un campo médico recién surgido es la psiquiatría, explorado por el austriaco Sigmund Freud (1856-1939). Abarca el estudio y tratamiento de problemas emocionales y mentales; sobre todo los que yacen en el inconsciente, aparte del conocimiento y saber cotidianos. Su estudio homólogo de los procesos "normales" de la mente y la conducta que produce se llama psicología. Se ha avanzado mucho uniendo trastornos mentales con anormalidades de estructura o química en el cerebro. Algún día los pensamientos podrán medirse como un sistema físico de señales eléctricas viajando por nervios, como decía Descartes.

VISTA SUPERIOR
La corteza del hemisferio cerebral es gris, mide 0.12-0.16 pulg (3-4 mm) de grueso, de extenderse cubriría un escritorio. Esta "materia gris" consta de miles de millones de axones interconectados y sus células de apoyo; y es el sitio principal de pensamientos, inteligencia, analizando las señales de los sentidos e iniciando movimientos. La "materia blanca" abajo es sobre todo haces de fibras nerviosas en vainas de mielina aislantes (págs. 58-59).

OTRO ENFOQUE
Tal vez haya un área no física de la mente humana que no pueda medirse con los instrumentos actuales ni describirse como señales nerviosas o sustancias químicas. La mente quizá trascienda la materia, con técnicas como la meditación. Con tal conocimiento anatómico y fisiológico, éstas son interrogantes para futuros científicos que estudien el cuerpo.

Índice

Reconocimientos

Dorling Kindersley agradece a:

Dr. M. C. E. Hutchinson, Department of Anatomy, United Medical and Dental Schools of Guy's y St Thomas's Hospitals por las osamentas de las págs. 15, 46c.d., 49c.i., 55ar.d.; Old Operating Theatre Museum, Londres, por prestar las herramientas quirúrgicas de las págs. 10-11, 47c.i.; Dr. K. Clark, Department of Haematology, Guy's Hospital, por su ayuda para preparar las muestras de sangre de la p. 33ar.; Steve Gorton y su asistente Sarah Ashun por sus fotografías de las págs. 10-11, 15, 33ar., 46c.d., 47c.i., 49c.i., 55ar.d.; Alex Arthur por su ayuda en Italia; Museo Británico por la momia (págs. 8-9); Peter Chadwick, Geoff Dann, Philip Dowell, Peter Hayman, y Dave King por sus fotografías adicionales; Bob Gordon por su ayuda en el diseño; Sharon

Jacobs por la corrección; Catherine O'Rourke por la búsqueda de imágenes adicionales. Los modelos de las págs. 16c.d., 17ar.c., 19ar.i., 22c.i., 26ab.c., 32d., 38ab.i., 38a.d., 42ab., 43ab., 44, 45ab.i., 46ab.i., 48, 51c., 56c. fueron proporcionados por Somso Modelle, Coburg, Alemania.

Ilustraciones Alan Jackson
Retoque Nick Oxtoby/Tapestry
Índice Jane Parker

Créditos fotográficos
ar. = arriba; ab. = abajo; c. = centro; i. = izquierda; d. = derecha.

Allsport 19ab.d.; 35ar.d. Bettmann Archive 37ar.i.; 48ar.i.; 49c.d.; 58ab.i.; 63c.d. Ron Boardman 19ab.i.; 22ab.d. Bridgeman Art Library/Basle 30ar.i.;

/Bibliothèque Nationale 8c.d.; /Bodleian Library 9c.i.; 10ar.i.; 49ab.d.; /Biblioteca Británica 37ab.d.; /Museo Británico 36ar.i.; /Louvre 46ar.i.; /Mauritshaus 11ar.i.; /M.O.M.A., N.Y. 63ar.c.; /Musée Condé, Chantilly 44ar.i.; /Musée Rodin 63ar.i.; /Private Collection 6ar.i.; /Royal College of Physicians 30c.i. E. T. Archive 58ar.i. Mary Evans Picture Library 6c.i.; 9ar.i.; 9ar.d.; 12ar.i.; 12c.; 14ar.i.; 16c.i.; 25ab.d.; 26ar.d.; 28ar.i.; 28ab.d.; 34c.i.; 38ar.d.; 40ar.i.; 43ar.i.; 50ar.i.; 51ar.d.; 52; 54ar.i.; 55ab.d.; 58c.i. Robert Harding Picture Library 8ar.i.; 10c.; 23ar.i.; 38ar.i. Hulton Deutsch Collection 11ar.d.; 22ar.i.; 23ab.d.; 24ab.d.; 28ar.d.; 32c.i.; 32ab.; 52ar.i.; 54ar.d. Image Bank/M.di Giacomo 21ar.i. Kobal Collection 32ar.d.; 49ar.d. Mansell Collection 38ab.d.; 56ar.i.; 59ab.i.; 60ab.i. National Medical Slidebank 54ab.i. Redferns 24ar.i.; 61ar.i. Ann Ronan Collection, Image Select 12ab.i.; 14c.i.; 26c.d.; 52ar.d.; 62ar.i. Science Photo Library 16ar.i.; 24c.; 34ab.d.; 39ar.d.; 41c.; 41c.d.; 53ab.d.; /Dr. Tony Brain 33ar.d.; /Goran Bredburg 55ab.i.;

/Jean-Loup Charmet 34ab.i; /Chemical Design 33c.i.; /CNRI 27ar.i.; 39c.d.; 45ar.d.; /Elscint, CNRI 13ab.d.; /Dr. Brian Eyden 50c.d.; /Astrid y Hans Frieder Michler 41ar.d.; /Eric Grave 51c.i.; /Manfred Kage 17ar.d.; 37ab.i.; /Hank Morgan 62c.d.; /Profesor P. Motta, Dept. of Anatomy, La Sapienza, Roma 16ab.i.; 37ar.d.; 43ar.d.; 52ab.d.; /Motta, Porter, Andrews 57ar.d.; /Gopal Murti 48ar.d.; /NIBSC 33c.d.; /Novosti 13ab.c.; /David Parker 63ab.d.; /Alfred Pasieka 50ar.d.; /Petit Format, CSI 44c.d.; /D. Phillips 59ar.d.; /David Schart 50ab.c.; /Secchi, Lecaque, Roussel, UCLAF, CNRI 17ab.c.; 41ab.i.; 57ar.i.; /Sinclair Stammers 13ar.d.; 50ab.d. Warren Museum, Harvard Medical School 60ar.d. The Trustee of the Wellcome Trust 7ar.i.; 8c.i.; 17ar.i.; 20ar.d.; 44ar.d.; 47ar.i. Zefa 14ab.i. Con excepción de los mencionados arriba, y los objetos de las págs. 8-9ab., 12c.i., 12c.d., 13ar.i., 26i., 49ar.c., 49ab.i., todas las fotografías de este libro forman parte de la colección del Museo della Specola, Florencia, Italia.